論理を捉えて内容をつかむ

大学入試

英文解釈
クラシック

久保田 智大 著
Tomohiro Kubota

Kenkyusha

はじめに

　どんな学習であれ，大いなる飛躍のためには盤石な基礎が必要です。本書の目的は，**学習者が本物の英語力をつけるための基礎を提供する**ことにあります。

　単語はある程度覚えた。英文もたくさん読んでいる。でも，思うように英語の成績が伸びない。その理由の多くは，論理と構造に沿って正しく英文を解釈できていない，すなわち，「正確に読む」ことができていないことにあります。易しい英文であれば，単語の意味を考え，日本語力で何とかつなぎ合わせれば意味をとることができますが，本格的な英文になるとそうはいきません。英語と日本語の構造は大きく異なるため，一定以上の難易度になると，なんとなくつなぎ合わせて意味をとることができなくなります。よって，**英語学習のどこかの段階で，文の構造を捉え，前後の文の関係性にも注意を払いながら，一文一文を正確に解釈していくという「正確に読む」訓練を積む必要があります**。しかし，そうした訓練に目を向けずにやり過ごしている学習者が非常に多いというのが現状です。伸び悩んでいる英語学習者の多くは，「正確に読む」という基礎訓練が圧倒的に欠けているのです。

　また，**英語は言語ですから，理屈ばかり振り回してもできるようにはなりません**。一定量の英語を身体に取り入れてはじめて，英語を読み，書き，話すことができるようになります。語学の天才と呼ばれた古今東西の偉人の多くが徹底的な音読や暗唱を行っていたことは，決して偶然ではないのです。このような「英語を身体に取り入れる」という基礎訓練も，ほとんどの英語学習者に足りていない部分だと言えます。

　本書は，以上のような「正確に読む」「英語を身体に取り入れる」という英語学習に不可欠な基礎に焦点を当てた構成になっています。本書の具体的な特徴は以下の通りです。

① 構造的に難度が高く，何度も読み返す価値のある良質な文章を，何度も反復しやすい長さに切り取って，徹底的に解説しています。細部に至るまでしっかりと理解した各文章を，その理解を反復するようにして何度も読むことで，その文章が身体に内在化され，みなさんの英語力の核となります。なお，各文章にはみなさんの学習の助けとなるよう，音声もついています。

② 扱うポイントは，特に中・上位層がつまずきやすいものに絞り，集中的に扱っています。また，重要事項は何度も繰り返し出てくるように配慮しています。

③ 各課のポイントは，理解しただけで終わらず，豊富な演習問題を通じてしっかりと定着させることができます。本編で扱っている英文は古典的名著からの抜粋が主ですが，演習問題では実際に入試問題で使われた英文を採用しています。

本書が真摯に学習に取り組むみなさんの英語力を伸ばす一助となることを願って止みません。

本書の制作過程において，多くの方にお世話になりました。様々な角度から数々のアドバイスをしてくださった同僚・先輩講師や元生徒，原稿を詳細に渡ってチェックしてくださった米山達郎先生，本書執筆の機会を与えてくださった研究社の佐藤陽二氏，そして何よりも，私自身を講師として育ててくれた生徒たち。深く感謝します。

久保田　智大

本書の構成と利用法

1-2

英文を読んで次の問に答えよ。(175 words / 難易度：★☆☆)

①An old Lion, whose teeth and claws were so worn that it was not so easy for him to get food as in his younger days, pretended that he was sick. ②He took care to let all his neighbors know about it, and then lay down in his cave to wait for visitors. ③And when they came to offer him their sympathy, he ate them up one by one.

④The Fox came too, but he was very cautious about it. ⑤Standing at a safe distance from the cave, he inquired politely after the Lion's health. ⑥The Lion replied that he was very ill indeed, and asked the Fox to step in for a moment. ⑦But The Fox very wisely stayed outside, thanking the Lion very kindly for the invitation.

⑧"I should be glad to do as you ask," he added, "but I have noticed that there are many footprints leading into your cave and none coming out. ⑨Please tell me how your visitors find their way out again?"

⑩Take warning from the misfortunes of others.

問1 ①を日本語に訳しなさい。

問2 ⑤を日本語に訳しなさい。

問3 ⑧を日本語に訳しなさい。

▼Additional Questions
問4 ②の and は何と何を並列しているか，答えなさい。
問5 ③の eat と eat up の意味の違いを答えなさい。
問6 ⑦の thanking の文法的役割は何か，答えなさい。

〈本編：問題編〉

・(文章) 読んで楽しい物語や模範とすべき名文を読みやすい長さに抜粋して掲載しています。文章を深く味わうようにしてじっくりと読んでみてください。なお，学習効果を考え，英文には適宜修正を加えています。

・(設問) 各課には設問がついています。まずはこの設問に取り組んでみてください。余裕があれば Additional Questions にも取り組んでみましょう。基礎力に不安がある人は全訳に取り組むのもよいでしょう。

THE OLD LION AND THE FOX

> イソップ物語より，『年老いたライオンとキツネ』。イソップ物語は動物を主人公
> とする寓話（教訓的な内容を持つたとえ話）を集めたもの。短くて内容がつかみ
> やすい割には構文的に学べる事項も多く，英語初学者の教材にふさわしい。難易
> 度はやや低めだが，しっかりとポイントを押さえておきたい。

▼第 1 パラグラフ

①^{S}An old Lion,
（[whose teeth and claws] were ^{so} worn that

^{従S}it ^{V}was not ^{C}so easy for him ^{真S}[to get food <^{as} in his younger days>]),

^{V}pretended ^{O}[that he was sick].

＿訳例 歯も爪もだいぶ擦り切れてしまい，若い頃と同じように食糧を得るこ
とが容易ではなくなってしまった一匹の年老いたライオンが，病気のふりをして
いました。

▶ SV分離 「最初に出てくる前置詞がついていない名詞がS」という
原則により An old Lion がS となるが，それに対応するV が上記の通り
大きく離れており，pretended がV という構造になっている。このよう
に，SとVの間にM（修飾要素；今回は whose teeth and claws で始まる
関係詞の節）が入り込んだSMVという形は，読み間違えると文の骨格で
あるSV がとれなくなってしまうので注意が必要。確実に読み取れるよ
うにトレーニングしよう。

☞ 演習問題 [A] (p.164)

〈本編：解説編〉

・（最初の見出し）その課で学ぶ重要事項が明示してあります。

・（構文図）構文の図解が示されていますので，まずは構文が正しくと
れていたか確認しましょう。[　　]は名詞のカタマリ，（　　）は形
容詞のカタマリ，<　　>は副詞のカタマリを表しています。

・（訳例）不自然にならない程度に直訳を示し，意訳が必要な場合には
直訳を併記して，学習の助けとなるようにしました。

・（解説）SV分離 などの見出しはその課における中心的な事項を表
しています。また，語彙に関する事項は 語彙 と表記されています。

・（演習問題へのリンク）対応する演習問題へのリンクが示されていま
す。すぐにその演習問題に飛ぶのが効果的ですが，当該の課が終わっ
た後に取り組むのもよいでしょう。

①昔々，丹後の国に，日本の沿岸に面した水の江という小さな漁村に，浦島太郎という名の若い漁師が住んでいました。②浦島の父親も浦島より前に漁師をしていましたが，浦島は父親よりずっと優秀でした。というのも，浦島はその田舎の地域全体でいちばん腕の良い漁師であり，彼の仲間が一週間で捕まえることのできるよりも多くのカツオやタイを，一日で捕まえることができたのでした。

③しかしこの小さな漁村で，彼はその海の腕の良い漁師であることよりもむしろ，優しい心の持ち主として知られていました。④彼はそれまでの人生において，大きなものでも小さなものでも決して傷つけることはしませんでした。子供の頃には，彼の仲間たちは浦島のことをいつも嘲り笑っていました。というのも，彼らと一緒になって動物をいじめようとは決してしませんでしたし，いつも彼らがこうした残酷なおふざけをするのをやめさせようとしていたからです。

問1 a young fisherman (named Urashima Taro)

問2 全訳②参照。

問3 全訳③参照。

▼Additional Questions
問4 he is
問5 動物をいじめること。

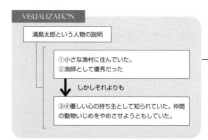

VISUALIZATION

浦島太郎という人物の説明

①小さな漁村に住んでいた。
②漁師として優秀だった

↓ しかしそれよりも

③④優しい心の持ち主として知られていた。仲間の動物いじめをやめさせようともしていた。

VOCABULARY

□ shore	岸；沿岸	□ hurt	…を傷つける
□ name OC	O を C と名付ける	□ companion	仲間；付き添い
□ more than ...	…以上；…より大きい	□ tease	…をいじめる
□ decend (to ...)	…に遺伝する	□ cruel	残酷な
□ skillful	腕の良い	□ keep A from B	A が B するのを妨げる

〈本編：訳例のページ〉

・ **ANSWERS** 解説編で示した訳例と設問の解答がまとめて載っています。

・ **VISUALIZATION** 物語の場合はストーリーの流れが，論説文の場合は論理展開図が記載されています。

・ **VOCABULARY** 本文に出てくる覚えておきたい語彙がまとめられています。

〈演習問題編〉

・本編で学んだ事項に対応する大学入試問題が載っています。学んだことを定着させるという意識で取り組んでください。

☆解説を読んだら，その理解を反復するようにして何度も音読し，文章を身体に定着させましょう。

音読する際の注意点

① 形と意味を結びつける

　何となく声に出すだけでは全く意味がありません。文の構造（SV や修飾関係など）を意識し，構造に沿った和訳が頭にスラスラ出てくる状態で音読してください。最初はゆっくりで構いません。

② 同じ文章を何度も音読する

　「何回くらい音読すればよいか」というのは，その人の英語熟達度や英文の難易度にもよるので一概には言えませんが，1 つの文章につき少なくとも 20 回が目安です。英文が身体に染み付くまでやりましょう。1 度にまとめて 20 回，というのではなく，文章を読んだ日に 5 回，次の日に 5 回，3 日後に 3 回，1 週間後に 3 回…のように回数を分散させてください。いつもより速く読んでみる，音声に合わせて読んでみる，英文からたまに目を上げて相手に語り掛けるように読んでみるなど，音読にバリエーションを加えてみるのも効果的です。

③ 楽しむ

　大切なのは「楽しむ」という姿勢です。発音も，リズムも，抑揚も，形式も，母語とは全く違う言語を口から発しているのですから，そこに楽しさがあるはずです。英語がペラペラになったつもりで音読してください。

「クラシック」とは

classic には「古典の」という意味の他に①最高水準の；模範的な ②（文学・歴史上）名高い；由緒ある ③典型的な ④（衣服などが）伝統的な；定番のなどの意味があります。本書では①最高水準で模範的となる名文を厳選しており，それらは②歴史的に名高いものも多く含まれています。また，レベルの高い英文で狙われる③典型的な構文・文法事項を集中的に扱っており，それらを昔ながらの正統的で④伝統的な手法でしっかりと解説しています。

本書収録の英文音声について

本書で収録した $\boxed{\text{1-1}}$ 〜 $\boxed{\text{3-2}}$ までの素材英文は音声化されています（版権上の都合により $\boxed{\text{3-3}}$ は音声化されておりません）。音源は研究社ホームページからダウンロードできます。

なお，トラック番号との対応は次のとおりです。

$\boxed{\text{1-1}}$ (p. 2)	Track 1		$\boxed{\text{2-1}}$ (p. 74)	Track 9
$\boxed{\text{1-2}}$ (p. 6)	Track 2		$\boxed{\text{2-2}}$ (p. 83)	Track 10
$\boxed{\text{1-3}}$ (p. 18)	Track 3		$\boxed{\text{2-3}}$ (p. 92)	Track 11
$\boxed{\text{1-4}}$ (p. 27)	Track 4		$\boxed{\text{2-4}}$ (p. 103)	Track 12
$\boxed{\text{1-5}}$ (p. 35)	Track 5		$\boxed{\text{2-5}}$ (p. 116)	Track 13
$\boxed{\text{1-6}}$ (p. 46)	Track 6			
$\boxed{\text{1-7}}$ (p. 53)	Track 7		$\boxed{\text{3-1}}$ (p. 130)	Track 14
$\boxed{\text{1-8}}$ (p. 63)	Track 8		$\boxed{\text{3-2}}$ (p. 138)	Track 15

音声ダウンロードの手順

(1) 研究社ホームページ (http://www.kenkyusha.co.jp/) にアクセスして，トップページの左上の列の中から「音声・各種資料ダウンロード」をクリックします。

(2)「音声・各種資料ダウンロード」に飛ぶので，書名リストから『英文解釈クラシック』を見つけて，該当する「ダウンロード」アイコンをクリックしてください。音声データのダウンロードが始まります。

(3) ZIP データがダウンロードできたら解凍してください。データ番号と上記の Track 番号が対応します。

目　　次

第1章

文の主要素（SVOC）を正しくつかむ

並列

関係代名詞の省略

1-1　正確な読解とは（introduction に代えて）

次の英文を訳しなさい。（36 words / 難易度：★☆☆）

①All language learners realize at some point that learning a new language requires more than just learning new words. ②Beyond the new vocabulary is a new system of grammar that makes order of the new words.

Q1　1 文目の All language learners realize at some point that ... を「(全ての言語学習者は) …という点に気がつく」と訳すことは**絶対に**できない。なぜだろうか？

Q2　2 文目の Beyond the new vocabulary is ... を「その新しい語彙は…」「その新しい語彙を超えたのは…」と訳すことは**絶対に**できない。なぜだろうか？

▶ 正確に英文を解釈するための基本ルールは 2 つある。

〈ルール①〉最初に出てくる前置詞がついていない名詞が S（主語）
〈ルール②〉前置詞＋名詞はカッコにくくる

▶ 〈ルール①〉を適用すれば，1 文目は All language learners「全ての言語学習者」が S（主語）であるとわかる。realize が V（述語動詞）。

^{S}[All language learners] ^{V}realize at some point that ...

▶ 次に出てくるのが at であり，これは「前置詞」。**前置詞は必ず名詞と
セットで用いられる**（なお，この名詞のことを「前置詞の目的語」と
呼ぶ）。ここで〈ルール②〉が発動し，〈前置詞＋名詞〉をカッコにくく
ることになる。「カッコにくくる」とは，原則として文の主要素であ
る S（主語）や O（目的語）にならないということである。

^{S}[All language learners] ^{V}<u>realize</u> \<at some point> that ...

▶ **カッコの中にある名詞は文の S（主語）や O（目的語）になることがで
きない**。すると，some point という名詞はカッコの中にある名詞なの
で，他動詞 realize「…に気がつく」の目的語になることができなくな
る。よって，「…という<u>点</u>に<u>気がつく</u>」とつなげて読むことができな
い，ということだ（⇒ Q1 ）。

▶ ここでは at some point という〈前置詞＋名詞〉を飛び越えて，that 節
が他動詞 realize の目的語になっている。ゆえに，「(at some point ＝ど
こかの時点で）<u>that 以下のことに気がつく</u>」というのが正しい訳語と
なる。

^{S}[All language learners] ^{V}<u>realize</u> \<at some point> ^{O}[that ...]

▶ 単語だけで英文をとらえ，なんとなくつなげてしまうと，「…という
点に気がつく」のような誤訳をしてしまう。**正確な解釈のための第一
歩は，形を意識することにある**。まずは徹底的に形にこだわろう。

▶ これまでのことを踏まえると，2 文目の Beyond the new vocabulary is
... を「その新しい語彙は…」と訳せないことも分かるだろうか。
beyond「…を超えて」は前置詞なので，〈ルール②〉を適用して〈前置
詞＋名詞〉をカッコにくくることになる。

<small>前置詞</small>　　＋　　<small>名詞</small>
\<Beyond the new vocabulary> is ...

▶ 〈前置詞＋名詞〉の〈名詞〉は主語になれないので,「その新しい語彙は…」と訳すことができないということになる。また,〈前置詞＋名詞〉は形容詞か副詞の働きをするので,〈前置詞＋名詞〉が主語になることもできず,「その新しい語彙を超えたのは…」と訳すこともできない(⇒ Q2)。

▶ しかし,このままでは is の前に名詞がなく,主語が無くなってしまう。主語が無い文など,命令文を除きありえない。ここで〈ルール①〉にあるように,「最初に出てくる前置詞のついていない名詞が S」と考えると

前　置　詞　　　＋　　　名　　詞
<Beyond the new vocabulary> ^{V}is ^{S}a new system (of ...)

is の直後にある a new system「新たな体系」という名詞句が主語になる。

▶ これは〈倒置〉の形。〈前置詞＋名詞〉や〈副詞〉といった「カッコ」でくくる要素を M(修飾語)とすると,本来は SVM:^{S}A new system of ... ^{V}is ^{M}<beyond the new vocabulary> の語順であるが,これが MVS という語順になっている(S に焦点を当てるタイプの倒置)。

▶ MVS という倒置自体は 1-5 で再び扱うので,今は気にしなくてよい。大事なことは, the new vocabulary や beyond the new vocabulary というカタマリを S であると勘違いしないということ。**基本ルールをしっかり守れば,文の構造を大きく読み違えることはない。**

▶ なお,これは第 2 文型(SVC)ではなく第 1 文型(SV)なので,be 動詞は「ある;いる」という〈存在〉として訳すことになる(I am in the room.「私はその部屋にいる」と同じ。この文も SVM になっている)。よって,「(…という)新たな体系が,新しい語彙を超えたところにある」あるいは「新しい語彙を超えたところにあるのが,(…という)新たな体系だ」という訳になる。

S[All language learners] Vrealize <at some point>
どこかの　時点

O[that S'[learning a new language] V'requires O'more
…を必要とする　より多く

([than] <just> learning new words)].
単に

M<Beyond the new vocabulary> Vis Sa new system of grammar

関係代名詞
(that V'makes O'order (of the new words)).
配列

> **✎ 訳例**　新しい言語を学ぶことには単に新しい単語を覚える以上のことが必要とされるということに，全ての言語学習者はある時点で気がつく。新たな語彙を超えたところにあるのは，その新しい語に配列を与える文法という新たな体系である。

　この文章が述べているように，英語を正しく理解するためには，単語をつなげて適当に訳すのではなく，英語の文法構造に沿って正確に読解をする必要がある。

　構造をしっかりと意識して本書に取り組んでほしい。

1-2

英文を読んで次の問に答えよ。(175 words / 難易度：★☆☆)

①An old Lion, whose teeth and claws were so worn that it was not so easy for him to get food as in his younger days, pretended that he was sick. ②He took care to let all his neighbors know about it, and then lay down in his cave to wait for visitors. ③And when they came to offer him their sympathy, he ate them up one by one.

④The Fox came too, but he was very cautious about it. ⑤Standing at a safe distance from the cave, he inquired politely after the Lion's health. ⑥The Lion replied that he was very ill indeed, and asked the Fox to step in for a moment. ⑦But the Fox very wisely stayed outside, thanking the Lion very kindly for the invitation.

⑧"I should be glad to do as you ask," he added, "but I have noticed that there are many footprints leading into your cave and none coming out. ⑨Please tell me how your visitors find their way out again?"

⑩Take warning from the misfortunes of others.

問 1 ①を日本語に訳しなさい。

問 2 ⑤を日本語に訳しなさい。

問 3 ⑧を日本語に訳しなさい。

▼Additional Questions

問 4 ②の and は何と何を並列しているか，答えなさい。

問 5 ③の eat と eat up の意味の違いを答えなさい。

問 6 ⑦の thanking の文法的役割は何か，答えなさい。

1-2　SV 分離 / 文頭の Ving

THE OLD LION AND THE FOX

> イソップ物語より，『年老いたライオンとキツネ』。イソップ物語は動物を主人公とする寓話（教訓的な内容を持ったたとえ話）を集めたもの。短くて内容がつかみやすい割には構文的に学べる事項も多く，英語初学者の教材にふさわしい。難易度はやや低めだが，しっかりとポイントを押さえておきたい。

▼第 1 パラグラフ

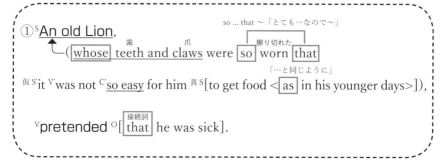

①ˢAn old Lion,
（whose 歯 teeth and claws 爪 were so worn that ...

so ... that 〜「とても…なので〜」
擦り切れた

仮ˢit ᵛwas not ᶜso easy for him 真ˢ[to get food <as in his younger days>]），

「…と同じように」

ᵛpretended ᴼ[that he was sick].

接続詞

✎ **訳例**　歯も爪もだいぶ擦り切れてしまい，若い頃と同じように食糧を得ることが容易ではなくなってしまった一匹の年老いたライオンが，病気のふりをしていました。

▶ **SV 分離**　「最初に出てくる前置詞がついていない名詞が S」という原則により An old Lion が S となるが，それに対応する V が上記の通り大きく離れており，pretended が V という構造になっている。このように，S と V の間に M（修飾要素；今回は whose teeth and claws で始まる関係詞の節）が入り込んだ SMV という形は，読み間違えると文の骨格である SV がとれなくなってしまうので注意が必要。確実に読み取れるようにトレーニングしよう。

☞ **演習問題 [A] (p. 164)**

▶ whose は所有格に対応する関係詞。元の形は the old lion's teeth and claws were so worn that ... で，ここから所有格 the old lion's が whose になり，直後の名詞 teeth and claws とセットで関係代名詞の役割を果たしている。

▶ as in ... は〈as＋前置詞句〉（主に as in ... や as with ...）という形。この形の as は「…と同じように」の意味になる。

ex. As with last year, we had a great time in Okinawa.
「昨年同様に，沖縄で楽しい時間を過ごしました」

---

take care to do「…するよう注意する；取り計らう」

②ˢHe|ᵛtook care

                                   <to ⁽ⱽ⁾let ⁽ᴼ⁾[all his neighbors]⁽ᶜ⁾know about it>,

    |and|

                                   洞窟   …するために（目的）

    <then> ᵛlay <down> <in his cave> <to wait for visitors>.

✎ 訳例 彼はそのことを近くに住む皆が知るように取り計らい，自分の住むほら穴の中で寝ころび，訪れてくる者を待っていました（←直訳：訪れる人を待つために寝ころんでいました）。

▶ 使役動詞 let は let O know「O に知らせる」の形でよく使われる。

ex. Let me know if you have any trouble.
「困ったことがあったら，私に知らせてくださいね」

▶ it は①の that he was sick「彼（＝ライオン）が病気であること」という内容を指している。

▶ and が並列するのは lay と took であり，lay と let ではない。

原形	過去形	過去分詞形	-ing 形	自/他 動詞	意味
lie	**lay**	lain	lying	自動詞	横になる；存在する
lay	laid	laid	laying	他動詞	…を横にする；(卵)を産む

lay の後ろに目的語となる名詞要素が無いことから，ここでは他動詞(＝後ろに目的語が必要)の lay ではなく，自動詞(＝後ろに目的語を置かない) lie (の過去形 lay) が使われていると分かる。すると，過去形の動詞であることから，to＋動詞の原形(すなわち to 不定詞)で用いられている to let と結ぶことができず，同じ過去形である took と並列されていると決まる。並列の見方に関して，詳しくは **1-4** で扱う。

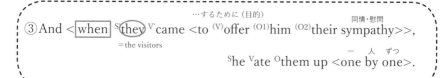

③And <when ˢthey ⱽcame <to ⁽ⱽ⁾offer ⁽ᴼ¹⁾him ⁽ᴼ²⁾their sympathy>>,
ˢhe ⱽate ᴼthem up <one by one>.

（💭 **訳例**） そして彼らがお見舞いに(←直訳：同情を提供しに)来ると，ライオンは彼らを一匹ずつ平らげてしまったのでした。

語彙 sympathy「同情」は syn-「同じ；似ている」(←similar「似ている」や symmetry「左右対称」など)と -pathy「感情」が結びついた語で，「相手と気持ちを同じくすること」を表す。ここでは，「病気になって大変ですね」と同情すること。よって「お見舞い；慰問」の意味になる。

語彙 eat「…を食べる」に up をつけると eat up「…を食べ尽くす」の意味になる。このように up には「(完全に)…し尽くす」の意味がある。

ex. dry up「干上がる；完全に乾く」，use up「…を使い尽くす」，drink up「…を飲み干す」

9

第 1 章

■ ▼第２パラグラフ ═══════════════════

④ ˢThe Fox ⱽcame <too>, but ˢhe ⱽwas ᶜvery cautious <about it>.
　　　　　　　　　　　　　　　　　　　　　慎重な

（✎ 訳例） キツネもやってきましたが，彼は非常に慎重でした。

▶ it が指す内容は，「キツネが慎重になっていた内容」であることを考えると，「キツネがライオンの待つほら穴に近づくこと」であると分かる。

⑤ <Standing at a safe distance (from the cave)>,
　　分詞構文

　　　　ˢhe ⱽinquired <politely> after the Lion's health.
　　　　　　　inquire after ... (容体など) を尋ねる

（✎ 訳例） キツネはほら穴から安全な距離を置いて立ち，ライオンの体の具合について丁寧に尋ねました。

▶ ┃文頭の Ving┃ 文頭が Ving で始まっている場合，主に①動名詞で文の S ②分詞構文 の２つのパターンがある。これは後ろに続く形で見分けられる。

═══ CHECK 文頭の Ving ═══════════════════

① Ving ... V（←Ving のカタマリが終わった後，V が出てくる）：動名詞 S

　ex. Hiking through the woods is fun.「森の中をハイキングするのは楽しい」
　　　←through the woods を〈前置詞＋名詞〉でカッコにくくると，is が出てくる。これが V。Hiking through the woods が S のカタマリ。

② Ving ... (,) SV（←Ving のカタマリが終わった後，SV が出てくる）：分詞構文

　ex. Hiking through the woods, I saw many squirrels.

10

「森の中をハイキングしていたら，たくさんのリスを見かけた」
←through the woods を〈前置詞＋名詞〉でカッコにくくると，I(S) saw(V) ... が出てくる。これが主節の SV で，Hiking through the woods は分詞構文。

☞ 演習問題 [B]（p. 167）

語彙 inquire after ...「（容体など）を尋ねる」は難しく見えるが，そもそも inquire が「尋ねる」の意であること（名詞 inquiry は「問い合わせ」），及び次の⑥でライオンが he was very ill だと返答していることから十分推測できるだろう。

⑥ˢThe Lion │ ᵛreplied ᴼ[[that] 接続詞 he was very ill <indeed>], 本当に

　　　　　　　[and]

　　　　ᵛasked ᴼthe Fox to step in <for a moment>.
　　　　step in「中に入る」　for a moment「少しの間」
　　　　ask＋O＋to do「O に…するよう頼む」

🖉 **訳例** ライオンは本当に体調が悪いと答え，キツネに少しの間ほら穴の中へ入るよう頼みました。

⑦ [But] ˢthe Fox <very wisely> ᵛstayed <outside>,
　　　<thanking the Lion <very kindly> for the invitation>.
　　　　　　　　心から　　　　　　　　招待
　　分詞構文　　　thank A for B「A に B のことで感謝する」

🖉 **訳例** しかしキツネはとても賢明なことに外にとどまり，ライオンに向かってお誘いに対する心からのお礼を述べました。

▶　wisely は文修飾の副詞として使われている。(...) very wisely, the Fox stayed outside (...) と同義。「とても賢明なことに」などと訳せる。

▶　outside までで文が構造的に完成しているので，その後に続く thanking ... は分詞構文（副詞要素）となる。「…して」「…で」のように訳語をつけて訳し下せばよい。

■ ▼第 3 パラグラフ ════════════

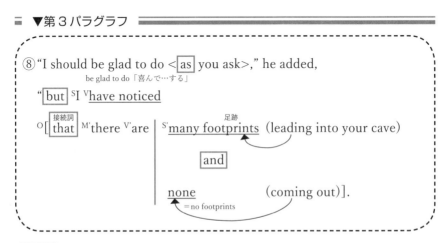

⑧ "I should be glad to do < as you ask>," he added,
be glad to do「喜んで…する」
"but ᔆI ⱽhave noticed
接続詞
ᴼ[that ᴹˊthere ⱽˊare ᔆˊmany footprints (leading into your cave)
足跡
and
none (coming out)].
= no footprints

🖉 訳例）「喜んであなたが頼んだ通りにしたいと思っています。しかし，あなたのいるほら穴へと続いている足跡はたくさんあるのに，ほら穴から出てくる足跡が一つもないことに，私は気がついてしまったのです」と彼は付け加えました。

▶　ここでの should は「控えめの should」と呼ばれる。like / love / say / want / be happy / be glad / care などと共に用いられ，話し手の希望などを控えめに述べる用法。「…だと思っているのですが」くらいの訳になる。

ex. I should like to join this club.
「このクラブに入りたいと思っているのですが」

▶　as は〈様態の as〉で，「…と同じように；…の通りに」という意味。

ex. Do as the Romans do.「ローマ人がする通りにしなさい」
（＝郷に入っては郷に従え）

as you ask「あなたが頼んだ通り」とは，⑥の asked the Fox to step in for a moment「キツネに少しの間ほら穴の中へ入るよう頼みました」という内容を指している。as の識別に関しては第 3 章で扱う。

▶　none coming out を正確に読めただろうか。まず，**none は〈no＋名詞〉の代用表現**であることを押さえておきたい。

> **ex.** I needed some butter, but there was <u>none</u> in the fridge.
> 　　　「バターが必要だったが，冷蔵庫の中には無かった」
> 　　　　　　　　　　　　　　　　　　　　（none＝no butter）

ここでは，coming out と leading into your cave の共通性に気づければ，none が many footprints と対応すると分かる。よって <u>none</u> coming out は (There are) <u>no footprints</u> coming out のことであり，全体では「ほら穴から出てくる足跡は一つも無い」となる。

⑨Please ^{V}tell ^{O1}me ^{O2}[$\boxed{\text{how}}$ 疑問詞 $^{S'}$your visitors

　　　　　　　　　 $^{V'}$find $^{O'}$their way <out> <again>]?"

find one's way＋場所の副詞「…へ（苦労して）進む」

(✎ **訳例**)　「教えてください。あなたのもとを訪れた者はどうやって再び外に出るというのでしょうか?」

▶　how ... again は名詞節として他動詞 tell の目的語になっている。このように，**疑問詞＋(S)V というカタマリは名詞節になる（＝文中で〈S／他動詞の O／前置詞の O／C〉のいずれかになる）**ことを確認しよう。

> **ex.** ^{S}I ^{V}didn't know ^{O}[$\boxed{\text{what}}$ was going on here].
> 　　　「ここで何が起こっていたのか知りませんでした」
> 　　　←what was going on here「ここで何が起こっていたのか」というカタマリが他動詞 know の O になっている。

13

^{仮S}It ^V<u>doesn't matter</u> ^{真S}[[where] you live].

「あなたがどこに住んでいるかは重要ではない」

←where you live「あなたがどこに住んでいるか」というカタマリが仮主
語 it に対する真主語になっている。

▼第4パラグラフ

⑩ ^VTake ^Owarning <from the misfortunes of others>.

警告 … warning *不幸な出来事 … misfortunes*

📝**訳例** 他者の災難から警告を受け取ろう。

▶ 物語を踏まえて「教訓」を述べている部分。

ANSWERS

　①歯も爪もだいぶ擦り切れてしまい，若い頃と同じように食事を得ることが容易ではなくなってしまった一匹のライオンが，病気のふりをしていました。②彼はそのことを近くに住む皆が知るように取り計らい，自分の住むほら穴の中で寝ころび，訪れてくる者を待っていました。③そして彼らがお見舞いに来ると，ライオンは彼らを一匹ずつ平らげてしまったのでした。

　④キツネもやってきましたが，彼は非常に慎重でした。⑤キツネはほら穴から安全な距離を置いて立ち，ライオンの体の具合について丁寧に尋ねました。⑥ライオンは本当に体調が悪いと答え，キツネに少しの間ほら穴の中へ入るよう頼みました。⑦しかしキツネはとても賢明なことに外にとどまり，ライオンに向かってお誘いに対する心からのお礼を述べました。

　⑧「喜んであなたが頼んだ通りにしたいと思っています。しかし，あなたのいるほら穴へと続いている足跡はたくさんあるのに，ほら穴から出てくる足跡が一つもないことに，私は気がついてしまったのです」と彼は付け加えました。⑨「教えてください。あなたのもとを訪れた者はどうやって再び外に出るというのでしょうか？」

　⑩他者の災難から警告を受け取ろう。

問 1　全訳①参照

問 2　全訳⑤参照

問 3　全訳⑧参照

▼Additional Questions

問 4　took... と lay...

問 5　eat は「…を食べる」，eat up は「…を食べ尽くす」

問 6　分詞構文

15

①②③ライオンが病気のふりをしてほら穴の中で待ち構え，お見舞いに来る者を食べていた。

④⑤⑥⑦キツネは賢明だったので，ほら穴の中に入らずに外にとどまった。

⑧⑨ほら穴へ入っていく足跡はあるが出てくる足跡はないことをキツネがライオンに指摘した。

⑩「他者の災難から警告を受け取ろう」という教訓。

VOCABULARY

□ teeth	歯（tooth の複数形）	□ one by one	一つずつ
□ claw	爪	□ cautious	慎重な
□ worn	擦り切れた	□ distance	距離
□ pretend that ...	…のふりをする	□ inquire after ...	（容体など）を尋ねる
□ take care to do	…するよう注意する； 取り計らう	□ indeed	本当に
		□ for a moment	少しの間
□ neighbor	隣人	□ invitation	招待
□ lie	横になる；存在する （cf. lay …を横にする）	□ footprint	足跡
		□ find one's way ＋ 場所の副詞	
□ cave	洞窟		…へ（苦労して）進む
□ sympathy	同情	□ warning	警告
□ eat up	…を食べ尽くす	□ misfortune	不幸な出来事；不運

1-3

英文を読んで，次の問いに答えなさい。(142 words / 難易度：★★☆)

①Long, long ago in the province of Tango there lived on the shore of Japan in the little fishing village of Mizu-no-ye a young fisherman named Urashima Taro. ②His father had been a fisherman before him, and Urashima greatly outshone his father, for Urashima was the most skillful fisher in all that countryside, and could catch more bonito and tai in a day than his comrades could in a week.

③But in the little fishing village, more than for being a clever fisher of the sea he was known for his kind heart. ④In his whole life he had never hurt anything, either great or small, and when a boy, his companions had always laughed at him, for he would never join with them in teasing animals, but always tried to keep them from this cruel sport.

［注］the province of Tango 丹後の国　Mizu-no-ye 水の江（地名）　outshone outshine「…より優秀である」の過去形　bonito カツオ

問 1　①の文の主語を指摘しなさい。

問 2　②を日本語に訳しなさい。その際，comrades という単語を文脈から推測すること。

問 3　③を日本語に訳しなさい。

▼Additional Questions

問 4　④when a boy の節内の SV は何か，答えなさい。

問 5　④の this cruel sport が指すものは何か，答えなさい。

1-3 SV 分離 / 副詞節中の S+be 動詞の省略 / MSV

THE STORY OF URASHIMA TARO, THE FISHER LAD.

有名な日本のおとぎ話である『浦島太郎』の冒頭部で，メインのストーリーに入る前の部分。

▼第 1 パラグラフ

① <Long, long ago> <in the province of Tango>
（昔の日本の）国

ᴹthere ⱽlived <on the shore of Japan>
沿岸

<in the little fishing village of Mizu-no-ye>

ˢa young fisherman (named Urashima Taro).

訳例 昔々，丹後の国に，日本の沿岸に面した水の江という小さな漁村に，浦島太郎という名の若い漁師が住んでいました。

▶ 存在を表す There 構文は，be 動詞の代わりに存在・生起・移動などを表す動詞 (come「来る」，exist「存在する」，happen「起こる」，lie「ある」，remain「残っている」，stand「ある」など) を置くことができる。

ex. ᴹThere ⱽcomes ˢa time (when we have to tell the truth).

「真実を語らねばならぬ時がやってくる」

ここでは There lived＋S「S が住んでいた」という形になっている。ただし，lived の後に〈前置詞＋名詞〉が続き，S になる〈前置詞がついていない名詞〉がしばらく出てこないことに注意。

19

▶ **SV 分離** 〈前置詞＋名詞〉をカッコに括っていくと，of Mizu-no-ye a young fisherman という名詞が連続する箇所で，a young fisherman が S であると気がつく。**MV と S が離れている例。**

▶ 動詞 name は name OC「O を C と名づける」という第 5 文型をとるが，この受動態である O is named C「O が C と名づけられる」を基にした過去分詞形の〈名詞〉(named C)「C と名づけられた〈名詞〉；C という名前の〈名詞〉」という形がよく用いられる。以下が類例。

ex. a famous dog (called Hachi)「ハチと呼ばれる有名な犬」

a man (considered guilty)「有罪だと考えられている男」

②ˢHis father ⱽhad been ᶜa fisherman <before him>,
　　　　　　　　　　　　　　　　　　　　　＝浦島

and ˢUrashima <greatly> ⱽoutshone ᴼhis father,
　　　　　　　　…より優秀な

for ˢUrashima │ ⱽwas ᶜthe most skillful fisher <in all that
接続詞の for　　　　　　腕の良い　　　　　　　　　　　その
「というのも…だからだ」
　　　　　　　　　　　　　　　　　　　　　　田舎
　　　　　　　　　　　　　　　　　　countryside>,

　　　　　　and

　　　　　　ⱽcould catch ᴼmore bonito and tai <in a day>

　　　　　　<than his comrades could <in a week>>.

訳例 浦島の父親も浦島より前に漁師をしていましたが，浦島は父親よりずっと優秀でした。というのも，浦島はその田舎の地域全体でいちばん腕の良い漁師であり，彼の仲間が一週間で捕まえることのできるよりも多くのカツオやタイを，一日で捕まえることができたのでした。

▶　for は前置詞としての用法もあるが，今回のように接続詞として使われる用法も頻出。

=== CHECK　**接続詞 for** ===

「というのも…だからだ」という意味の等位接続詞で，前文に対する理由を表す。

> **ex.** Her stepsisters were jealous of her, |for| she was very beautiful, and they themselves were plain and ugly.
>
> （『白雪姫』）
> 「義姉たちは彼女に対して嫉妬していました。というのも，彼女はとても美しく，義姉たち自身は不器量で醜かったからです」
> ←「嫉妬していた」ことの理由が for の後に続いている。

この for は「等位接続詞」である（すなわち，and や but と同じ使い方をする）ことに注意。because や if といった「従位接続詞」ではないので，because と意味が似ているからと言って，以下のような使い方はできない。

（×）　<|For| she was very beautiful, and they themselves were plain and ugly>, her stepsisters were jealous of her.

（○）　<|Because| she was very beautiful, and they themselves were plain and ugly>, her stepsisters were jealous of her.

上記の×の例の for を and や but で置き換えてみると，そのおかしさが分かるだろう。

▶　could catch 以下は，下記のような関係性になっている。

(Urashima)	could catch	more bonito and tai	in a day
|than|		
his comrades	could (catch)	(bonito and tai)	in a week

21

　よって, comrades は「浦島」に対応する「人を表す名詞」であり, しか
も「カツオやタイを捕まえられる」という内容が述語になっているので,
「漁師」という意味ではないかと推測はできるだろう (実際には「苦楽を共
にした仲間」→「仲間の漁師」の意)。前文で浦島が「浦島はその田舎の村全
体でいちばん腕の良い漁師」だと述べられていることもヒントになる。

▶　比べられているのは「浦島が一日でカツオやタイを捕まえられる量」
と「彼の仲間が一週間でカツオやタイを捕まえられる量」であり,「一日」
と「一週間」という時間差があってもなお, 浦島の方が多くカツオやタ
イを捕まえられるほど差がある, と述べられている。

▼第 2 パラグラフ

③ But <in the little fishing village>,

more than <for being a clever fisher of the sea>
（腕の良い）

ˢhe ᵛwas known <for his kind heart>.
be known for ... 「…で知られている」

訳例　しかしこの小さな漁村で, 彼はその海の腕の良い漁師であること より
もむしろ, 優しい心の持ち主として知られていました。

▶　**MSV**　前置詞＋名詞をカッコにくくりながら読んでいくと, 突然
SV となる he was known が出てくる。ここで for being ... と for his kind
heart の形の共通性に気づけたかどうかが勝負。これは more than for being
a clever fisher of the sea が前置された形。元の語順に戻すと以下の通り。

He was known　　　for his kind heart.
　　　more than
(He was known)　　　for being a clever fisher of the sea.

　よって，「彼が優しい心で知られている」ことと「彼がその海の腕の良い漁師であることで知られている」ことを比較し，前者の方が「より」知られている，と述べられている。

　上記の形は SV より前に修飾要素 M が出てくる MSV という形。 1-8 で再び扱う。

④ \<In his whole life\> ^She ^Vhad \<never\> hurt ^Oanything,（…を傷つける）

　　　　　　　　　　　　　　　\<either great or small\>,
　　　　　　　　　　　　　　　(either) A or B「A であろうと B であろうと」(譲歩)
　　　　　　　　　　　　　　　　　　　　　仲間
and \<when a boy\>, ^Shis companions ^Vhad \<always\> laughed at him,

接続詞の for「というのも…だからだ」
for ^She ^Vwould \<never\> join \<with them\> \<in teasing animals\>,（…をいじめる）
　　　　　　　　　　　　　　　　　　= his companions
　　　but

　　　\<always\> ^Vtried to keep them from this cruel sport.（残酷な）
　　　　　　　　　　keep A from B「A が B するのを妨げる」

✎ 訳例　彼はそれまでの人生において，大きなものでも小さなものでも決して傷つけることはしませんでした。子供の頃には，彼の仲間たちは浦島のことをいつも嘲り笑っていました。というのも，彼らと一緒になって動物をいじめようとは決してしませんでしたし，いつも彼らがこうした残酷なおふざけをするのをやめさせようとしていたからです。

▶　(either) A or B は副詞句の形で「A であろうと B であろうと」(＝どちらであっても) という譲歩を表す。これは whether A or B という形も同じ。

ex.　Whether in Japan or overseas, exchanging greetings is extremely important.
　　「日本国内だろうと海外だろうと，挨拶を交わすことは極めて重要です」

▶　**副詞節中の S＋be 動詞の省略**　when a boy は when he was a boy から he was が省略されたもの。これは以下のルールに基づく。

=== CHECK === **副詞節中の S＋be 動詞の省略** ===========

when, while, if などの接続詞が導く副詞節中の S＋be 動詞は省略可能。ただし以下の点に注意。

- (a) 動詞は必ず be 動詞。一般動詞は省略できない。
- (b) 必ず主語と be 動詞を一緒に省略する。主語だけ（または be 動詞だけ）省略することはできない。
- (c) S は主節の S と同じものであることがほとんど。ただし一般人称や I / you の場合も省略されることがある。

☞ 演習問題 [C]（p. 170）

▶ 後半部冒頭の for は理由を表す等位接続詞で「というのも…だからだ」。②で学習済み。

▶ would never join の would は never という否定表現と合わせて〈過去の拒絶〉を表す用法で、「どうしても…しなかった」の意。would not（＝wouldn't）は〈拒絶〉を表す will not（＝won't）の過去形。

ex. The door <u>won't</u> open.「ドアがどうしても開かない」
I tried hard, but the door <u>wouldn't</u> open.
「懸命にやったが，ドアがどうしても開かなかった」

▶ this cruel sport「この残酷なスポーツ」とは，「仲間たちがするのを浦島が止めようとしていたこと」であり，かつ cruel「残酷な」とあることから，「動物をいじめること」を指していると分かる。なお，sport には「気晴らし；冗談；ふざけ」などの意味がある。

ANSWERS

　①昔々，丹後の国に，日本の沿岸に面した水の江という小さな漁村に，浦島太郎という名の若い漁師が住んでいました。②浦島の父親も浦島より前に漁師をしていましたが，浦島は父親よりずっと優秀でした。というのも，浦島はその田舎の地域全体でいちばん腕の良い漁師であり，彼の仲間が一週間で捕まえることのできるよりも多くのカツオやタイを，一日で捕まえることができたのでした。

　③しかしこの小さな漁村で，彼はその海の腕の良い漁師であることよりもむしろ，優しい心の持ち主として知られていました。④彼はそれまでの人生において，大きなものでも小さなものでも決して傷つけることはしませんでした。子供の頃には，彼の仲間たちは浦島のことをいつも嘲り笑っていました。というのも，彼らと一緒になって動物をいじめようとは決してしませんでしたし，いつも彼らがこうした残酷なおふざけをするのをやめさせようとしていたからです。

問 1　a young fisherman (named Urashima Taro)

問 2　全訳②参照。

問 3　全訳③参照。

▼Additional Questions

問 4　he was

問 5　動物をいじめること。

VISUALIZATION

浦島太郎という人物の説明

①小さな漁村に住んでいた。
②漁師として優秀だった

 しかしそれよりも

③④優しい心の持ち主として知られていた。仲間の動物いじめをやめさせようともしていた。

VOCABULARY

□ shore	岸；沿岸	□ companion	仲間；付き添い
□ name OC	O を C と名づける	□ tease	…をいじめる
□ skillful	腕の良い	□ keep A from B	A が B するのを妨げる
□ more than ...	…以上；…より大きい	□ cruel	残酷な
□ hurt	…を傷つける		

1-4

英文を読んで，次の問いに答えなさい。(112 words / 難易度：★★☆)

①Alice was beginning to get very tired of sitting by her sister on the bank, and of having nothing to do: ②once or twice she had peeped into the book her sister was reading, but it had no pictures or conversations in it, ③'and what is the use of a book,' thought Alice 'without pictures or conversations?'

④So she was considering in her own mind (as well as she could, for the hot day made her feel very sleepy and stupid), whether the pleasure of making a daisy-chain would be worth the trouble of getting up and picking the daisies, when suddenly a White Rabbit with pink eyes ran close by her.

［注］daisy ヒナギク（花の名前）

問 1 ①を日本語に訳しなさい。

問 2 ④を日本語に訳しなさい。

▼Additional Questions

問 3 ③の use の意味は何か，答えなさい。

問 4 ④の when は訳出方法が普通の when と異なる。どのように異なるか答えなさい。

1-4　並列関係 / 関係代名詞の省略 / VO 分離

ALICE'S ADVENTURES IN WONDERLAND (1)

ルイス・キャロル (Lewis Carroll) 著『不思議の国のアリス』の冒頭部。『不思議の国のアリス』は児童文学の代表的古典作品として，多数の言語に翻訳され世界中で親しまれている。情景を想像しながら読んでいこう。

■ ▼第 1 パラグラフ ■

①ˢAlice ⱽwas beginning to get ᶜvery tired

get tired of ... 「…に飽きる」

of ⁽ⱽ⁾sitting <by her sister> <on the bank>,

…のそばに　　　　　　　　土手

and

of ⁽ⱽ⁾having ⁽ᴼ⁾nothing (to do)

📝 **訳例**　アリスは土手の上でお姉さんのそばに座っていて，何もすることがないことが，とってもつまらなくなってきました。

▶ 並列関係　and は直後が of having ... という〈of＋動名詞〉の前置詞句なので，直前に出てくる前置詞句（特に of＋動名詞）を優先的に探す。すると of sitting が見つかり，つなげると意味も通るので，of sitting ... と of having ... がつながっていると考える。

　and / or / but が何と何を並列しているかは，and / or / but の直後の語句の文法的働きで判断し，その後で意味を考えて確定させる，というステップを踏む (→1-2②)。

=== CHECK 並列関係 ===

[1] 動詞と動詞，名詞と名詞，というように，原則として並列関係になるのは，同じ品詞の語（句）。

ex. We <u>sat</u> down |and| <u>talked</u> for a while.
「私たちは腰を下ろし，しばらくお喋りをした」←and の直後は talked という動詞なので，同じ動詞である sat と並列関係になっていると分かる。

[2] 動詞なら主語の単数 / 複数に一致する。また，that 節と that 節，Ving と Ving など，同じ形のものは並列関係になりやすい。

ex. It (a)<u>is</u> widely believed that the paintings (b)<u>were</u> millions of years old |and| <u>were drawn</u> by an ape.
「その絵は何百万年も前のもので，類人猿によって描かれたと広く信じられている」←and の直後は were drawn という複数一致をしている動詞なので，単数一致をしている (a) is ではなく (b) were と並列関係になっていると分かる。

[3] [1][2] で決まらない場合，意味から判断する。

ex. The noun suffix -*ation* (a)<u>comes</u> from a Latin suffix that (b)<u>is</u> added to a verb |and| <u>changes</u> that verb to a noun.
「名詞形成接尾辞である -ation は動詞に加えられてその動詞を名詞に変えるラテン語の接尾辞から来ている」←and の直後は changes という単数一致をしている動詞だが，これだけでは (a) comes と (b) is のどちらと並列関係か分からない。意味をとってみると，is added to a verb「動詞に加えられる」単独では意味をなしておらず，and changes ... とつなげて「動詞に加えられてその動詞を名詞に変える」とセットにしてはじめて，先行詞である a Latin suffix の説明になる。よって changes と並列関係になっているのは (b) is だと分かる。

☞ 演習問題 [D]（p. 172）

②**:** \<once or twice\> ˢshe ⱽhad peeped（のぞく） into

↓関係代名詞の省略

the book (her sister was reading),

but ˢit ⱽhad ᴼno pictures or conversations \<in it\>,
= the book ・・・ = the book

（✎ **訳例**）　一度か二度，アリスはお姉さんが読んでいた本を覗き見ましたが，そこには挿絵や会話はありませんでした。

▶ 　**関係代名詞の省略**　　the book と her sister was reading の間には the book (which) her sister was reading のように，関係代名詞 which（または that）が省略されている。関係代名詞が省略できるのは関係詞の直後に SV が続いているときなので，読解においては名詞の直後に SV が続いていたら関係代名詞の省略を疑うとよい。関係代名詞の省略を見破れるかどうかは文構造の把握に大きく影響するため，きわめて重要。確実に見破れるようになっていなければならない。

☞ **演習問題 [E]（p.178）**

③'and what is the use of a book,' ⱽthought ˢAlice '(without pictures or conversations)?'

（✎ **訳例**）　「挿絵や会話の無い本なんて，何の役に立つんだろう？」とアリスは思いました。

▶ 　アリスの思いを述べた部分。Alice thought や the man said のような「セリフ・考え」を目的語にとる動詞は，直接話法の直後で ⱽthought ˢAlice / ⱽsaid ˢthe man のように SV が入れ替わる倒置が起きることがある。

ex. "You may go now," ^Vsaid ^Sthe man.
「『もう行ってよろしい』とその男は言った」

ここでは発言の途中に挿入されていることにも注意。

語彙　use はここでは「効用；有用性」の意味。What is the use of ... ?
で「…は何の役に立つのか？」→「…は役に立たない；無駄だ」という意
味になる。

ex. "What is the use of a statue if it cannot keep the rain off?"
「雨除けにならないなら，像は何の役にも立っていないじゃないか」
（オスカー・ワイルド『幸福な王子』）

=　▼第２パラグラフ

④ So ^Sshe ^Vwas considering <in her own mind>
as ... as S can「S ができる限り」
(as well as she could, for ^Sthe hot day ^Vmade ^Oher ^Cfeel very sleepy
接続詞の for「というのも…だからだ」
and stupid),

^O[whether ^{S'}the pleasure (of making a daisy-chain)
ヒナギクの花輪（＝首飾り）
手間
^{V'}would be worth the trouble of getting up
be worth A「A の価値がある」
and

picking the daisies],

<when suddenly ^{S'}a White Rabbit (with pink eyes) ^{V'}ran <close by her>>.
close by ...「…の近く」

> (✐ 訳例)　だからアリスは頭の中で，ヒナギクの花輪づくりは楽しいだろうけど，わざわざ立ち上がってヒナギクを摘みにいくほどのものかなぁと考えていました（←直訳：ヒナギクの花輪づくりの楽しみは，立ち上がってヒナギクを摘む手間の価値があるかどうか考えていた）（なるだけしっかりと考えるようにしていました。というのも，その日は暑かったので，彼女はとっても眠たく，頭がぼんやりしていたからです）。その時突然，ピンクの目をした白ウサギが，彼女のそばを走っていきました。

▶　as well as は「…と同様に」という意味の熟語表現ではなく，consider を修飾する副詞 well の同等比較（as ... as）。as ... as S can「S ができる限り」と合わせると，「できる限りしっかりと（考えていた）」という意味になる。「眠くて頭がぼんやりしていたけれど，できる限りしっかり考えるようにしていたんですよ」とカッコを使って補足している場面。

▶　 VO 分離 　consider は他動詞なので後ろに目的語となる名詞が必要だが，in her own mind は〈前置詞＋名詞〉のカタマリであり，目的語になれない。名詞を探すように読み進めていくと，whether の節が名詞節で目的語になることに気がつく。 1-1 でも扱った，VO 分離のパターン。

☞ 演習問題 [F]（p. 181）

▶　ここでの when を「…するとき」のように訳してしまうと，「白ウサギがそばを走っていったとき，彼女は〜と考えていた」のようになり，「彼女が考えていた」ことに焦点があたってしまって奇妙な文になる。when は主に〈was Ving / was about to do＋when SV〉などの形で用いられるとき，「…していたとき，S が V した」のように訳し下して when 以降に焦点を当てるとうまく訳せることがある。この when を「唐突の when」と呼ぶことがある。when 以下が唐突に起こるイメージ。

ex. I lived in Britain <when I was young>.

「若い頃，イギリスに住んでいました」

(←普通の when。when 以下から訳すのが一般的)

I was walking down the street <when someone tapped me on the shoulder>.

「道を歩いていたら，誰かが私の肩を叩いた」

←「誰かが私の肩を叩いたとき，私は道を歩いていた」のように when 以下から訳すと奇妙な訳になる。

ANSWERS

①アリスは土手の上でお姉さんのそばに座っていて，何もすることがないことが，とってもつまらなくなってきました。②一度か二度，アリスはお姉さんが読んでいた本を覗き見ましたが，そこには挿絵や会話はありませんでした。③「挿絵や会話の無い本なんて，何の役に立つんだろう？」とアリスは思いました。

④だからアリスは頭の中で，ヒナギクの花輪づくりは楽しいだろうけど，わざわざ立ち上がってヒナギクを摘みにいくほどのものかなぁと考えていました（なるだけしっかりと考えるようにしていました。というのも，その日は暑かったので，彼女はとっても眠たく，頭がぼんやりしていたからです）。その時突然，ピンクの目をした白ウサギが，彼女のそばを走っていきました。

問1 全訳①参照

問2 全訳④参照

▼Additional Questions

問3 「効用；有用性」

問4 訳し下して when 以下に焦点を当てる。

VISUALIZATION

①②③アリスが土手の上で何もすることがなく退屈していた

④ウサギがそばを走って行った

VOCABULARY

□ get tired of ...	…に飽きる	□ stupid	愚かな
□ sit by A	A のそばに座る	□ pleasure	楽しみ
□ bank	土手	□ be worth A	A の価値がある
□ peep (into ...)	(…の中を) こっそり	□ trouble	手間；困難
	のぞく	□ suddenly	突然
□ What is the use of ...?			
	…は何の役に立つのか		
	(役に立たない)		

1-5

英文を読んで，次の問いに答えなさい。(162 words / 難易度：★★☆)

(1-4 の続き)

①There was nothing so very remarkable in that; nor did Alice think it so very much out of the way to hear the Rabbit say to itself, 'Oh dear! Oh dear! I shall be late!' ②(when she thought it over afterwards, it occurred to her that she ought to have wondered at <u>this</u>, but at the time it all seemed quite natural); ③but when the Rabbit actually took a watch out of its waistcoat-pocket, and looked at it, and then hurried on, Alice started to her feet, ④for it flashed across her mind that she had never before seen a rabbit with either a waistcoat-pocket, or a watch to take out of it, ⑤and burning with curiosity, she ran across the field after it, and fortunately was just in time to see it pop down a large rabbit-hole under the hedge.

⑥In another moment down went Alice after it, never once considering how in the world she was to get out again.

［注］pop 飛び込む　waistcoat ベスト

問 1　②の下線部 this が指すものを答えなさい。

問 2　③〜⑤を日本語に訳しなさい。

問 3　⑥を日本語に訳しなさい。

1-5 　並列関係 / MVS の倒置

ALICE'S ADVENTURES IN WONDERLAND (2)

1-4 の続き

---

① ^MThere ^Vwas ^Snothing (so very remarkable) <in that>;
　　　　　　　　　　　　　驚くべき　　　　そのこと

nor did ^SAlice ^Vthink ^{仮O}it <so very much> ^Cout of the way
　　　　　　　　　　　　　　　　　　　out of the way「常道を離れて；普通でない」

^{真O}[to ^(V)hear ^(O)the Rabbit ^(C)say <to itself>,
　　　　　　　　　　say to oneself「独り言を言う」　　= the Rabbit

'Oh dear! Oh dear! I shall be late!']
Oh, dear!「あぁ，大変だ！」(驚きや困惑を表す)

📝 **訳例**　そのことにはそんなに驚くべきところはありませんでしたし，そのウサギが「あぁ，大変！　大変！　遅刻しちゃう！」と独り言を言うのを聞いたのも，アリスはそんなにおかしなことだとは思いませんでした。

▶　something / anything / everything / nothing などは，形容詞要素を後ろに置く。

ex.　(×) hot something to drink
　　　(○) something hot to drink「温かい飲み物」

よって so very remarkable は後ろから nothing を修飾している。

▶　that は 1-4 ④の「突然，ピンクの目をした白いウサギが，彼女のそばを走っていった」という内容を指す。

▶ nor の後ろは did Alice think という「疑問文の語順になる倒置」が起こっている。「〈否定の副詞要素〉あるいは〈接続詞 nor〉が文頭にある場合，対応する SV は必ず疑問文の語順になる」という規則。

ex. \<Never\> <u>did I dream</u> I would win the first prize.
「1 位をとるなんて夢にも思わなかったよ」
←never が否定の副詞なので，後に続く I dreamed が倒置を起こしている。

▶ think をはじめ，believe / consider / know などの「思う；考える」系の動詞は think O (to be) C という SVOC の形をとることができるものが多い。ここでは ^{V}think ^{O}it ^{C}<u>out of the way</u>「そのことが普通でないと思う」という形。so very much は think を修飾すると考えても意味をなさないので，直後の out of the way を修飾すると考える。so very remarkable と so very much out of the way が同意表現で対応していることにも注意。

語彙 shall は以下のような用法がある。ここでは 1. の「一人称主語」の形であり，will とほぼ同意。

═ CHECK **助動詞 shall** ═══════════

1. 未来，意志
  1 人称主語では「…だろう」という予測・単純未来や「必ず…する」という強い意志を表す。will とほぼ同意。

ex. I shall never forgive you. 「絶対に許さないぞ」

2/3 人称主語では「S は…するだろう」という<u>話し手の意志</u>を表す。

ex. You shall have a new bicycle for your birthday.
「誕生日には新しい自転車を買ってあげよう」
(←you が<u>話し手の意志によって</u> have する，という関係性)

2. 提案，勧誘

　Shall I ... ?「…しましょうか？」（提案），Shall we ... ?「…しませんか？」（勧誘）の形で用いられる。

3. 命令，指図

　主に公的文書などで用いられる。

ex. The fine shall not exceed 500 dollars.
「罰金は 500 ドルを超えないものとする」

---

②<when she thought it over <afterwards^{後で}>>,
　think A over「A を熟考する」

^{仮S}it ^Voccurred <to her> ^{真S}[that she ought to have wondered at <u>this</u>],
　wonder at ...「…を不思議に思う」

it occurs to A that ...「…が A の頭に浮かぶ」

but <at the time^{その時は}> ^Sit all ^Vseemed ^C<u>quite natural</u>;

訳例　後になってよくよく考えてみると，そのことを不思議に思うべきだったという考えが彼女の頭に浮かびました。しかしその時には，そのこと全てがきわめて自然なことのように思われたのです。

▶　ought to have Vp.p. は should have Vp.p.「…すべきだった（のに実際にはしなかった）」とほぼ同義。よって「不思議に思うべきだった（のに実際には不思議に思わなかった）」という意味になる。

▶　このことから，this が指すものは<u>アリスが不思議に思うべきだったのに実際には不思議に思わなかった前述の内容</u>となり，「ウサギが『あぁ，大変！　大変！　遅刻しちゃう！』と独り言を言うのを聞いたこと」(to hear the Rabbit say to itself, 'Oh dear! Oh dear! I shall be late!') であると分かる。その前の「ウサギがそばを通り過ぎたこと」は（①前半部にも述べられているように）不思議に思うべきことではなく，内容に含まれない。

▶　thought it over の it や it all seemed quite natural の it は this と同じ内容を指す。

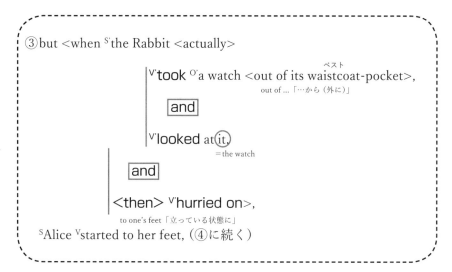

③but <when ˢ'the Rabbit <actually>

　　　　　　　　ᵛ'took ᴼ'a watch <out of its waistcoat-pocket>,
　　　　　　　　　　　　　　　out of ... 「…から（外に）」
　　　　　　　　and

　　　　　　　　ᵛ'looked at it,
　　　　　　　　　　　　= the watch
　　　　　　　　and

　　　　　　　<then> ᵛ'hurried on>,
　　　　　　to one's feet「立っている状態に」
　　ˢAlice ᵛstarted to her feet, (④に続く)

（✎ 訳例）　しかしウサギが実際にベストのポケットから時計を取り出し，それを見て，それから急いで駆け出したとき，アリスはぱっと立ち上がりました。

▶　**並列関係**　took, looked, hurried の 3 つは，「（時計を）取り出して見る」＋「急ぐ」という意味内容から考えて，上記のように took と looked が並列，そしてその後でそれらの動詞と hurried が並列，というつながりになっている。**意味内容から並列関係を決めるパターン**（→**1-4**①）。

語彙　to one's feet「立っている状態に」は様々な動詞と組み合わせて「立ち上がる」動作を表す。

ex.　get[rise / come] to one's feet「立ち上がる」
　　　jump[spring / start] to one's feet「飛び起きる」
　　　raise[bring] 〈人〉to one's feet「〈人〉を立ち上がらせる」
　　　struggle to one's feet「やっとのことで立ち上がる」

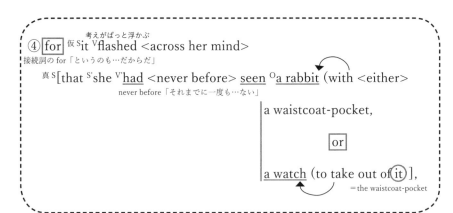

というのも，ベストのポケットを持ったウサギも，そこから取り出す時計を持ったウサギも，それまでに見たことがないということが頭にぱっと浮かんだからです。

▶ she had never before seen ... は had と seen の間に副詞句 never before が入り込んでいるパターン。before「以前；それまでに」が接続詞や前置詞ではなく副詞であることに注意。

▶ a rabbit の直後の with は〈所有〉を表す。ウサギがベストのポケットと時計を持っている，という関係性。

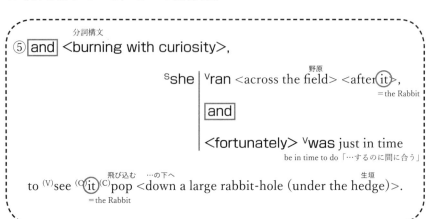

（✐**訳例**）　アリスは好奇心にかられて，ウサギを追って野原を走ってよこぎって いきました。そして幸いにも，ちょうどウサギが生け垣の下にある大きなウサギ の穴へと飛び込むのを見るのに間に合ったのでした。

▶　■**並列関係**■　burning with curiosity という分詞構文をカッコにくく ると she ran ... という SV が見えてくる。「彼女（＝アリス）が走った」 という内容から考えて，ここは④の for 以下ではなく，③の主節である Alice started her feet「アリスはぱっと立ち上がった」という SV と並列関 係になっていると分かる。

▶　■**並列関係**■　2つ目の and は ran という動詞と was という動詞を並列 関係にしている。and と was の間に副詞 fortunately が入り込んだ A and MB の形（→演習問題［D］(2)(4)）。

⑥^M<In another moment> ^{M} <down> ^{V}went ^{S}Alice <after(it)>,
　　一度も〜ない　　　　　　　　　　　　　　　　　　　　　　＝ the Rabbit
<<never once> considering [how <in the world> she was to get out again]>.
　　　　分詞構文

（✐**訳例**）　次の瞬間，アリスはウサギを追いかけて穴の中へと飛び込んでいきま した。いったいどうやって再び出ればよいのかなど，全く考えずに。

▶　■**MVS**■　In another moment（前置詞＋名詞），down（副詞）とカッ コにくくっていくと，主語になる名詞が出てこないまま went という動 詞が出てきてしまう。ここでは went の直後の Alice が主語になっていて， MVS という倒置が起こっていると見抜きたい。本来の形は Alice went down「アリスは（穴の中へと）下って行った」。M が時や場所を表す語句 であり，S に焦点を当てたいときにこの倒置が起きやすい。

ex. In the mountains lies a small village.「山の中に小さな村があった」
　　←in the mountains が〈前置詞＋名詞〉で M，lies が V，a small village が
　　S。lie は **1-2**②参照。　☞ **演習問題［G］(p.183)**

41

語彙 in the world は疑問詞を強調する表現。「いったい（何が / 誰が /
どこで / いつ / どうやって）」と訳せばよい。他には on earth / ever など
も同様に疑問詞を強調できる。

ex. Who ever said that?「いったい誰がそれを言ったの？」
    ←この用法では Whoever と一語で綴ることもあるが，節をつくる複合関
    係詞（→第 2 章）とは異なることに注意。

▶ was to get ... には be to 構文が用いられている。**be to V 原形の形で，
V に様々な意味を付け加える。助動詞の代用表現だと考えればよい。**

═ CHECK **be to 構文** ═══════════════════

例文	意味	主な訳語
He **is to finish** this assignment by tomorrow. 彼は明日までにこの課題を終わらせなければならない。	義務 ※命令口調でやや高圧的な表現	…しなければならない …すべきだ
The prime minister **is to make** an official statement about the problem. 首相はその問題に関し，公式声明を発表する予定だ。	予定 ※主に公的な予定に用いられる	…する予定だ
If you **are to get** there by seven, you should leave right now. もし 7 時までにそこに到着したいのなら，今すぐに出発した方がいいよ。	意図 ※主に条件節で用いられる	…するつもりだ …したい
The stars **were not to be seen** in the sky. 空には星が見られなかった。	可能 ※主に be to be Vp.p. (受身) の形で用いられる	…できる

| Rebecca **was** never **to** **see** her boyfriend again.
レベッカは二度と恋人に**会う**ことはなかった。 | 運命
※主に過去形で用いられ，後に起こった出来事を述べる | …することになる |

ここでは「可能」の意味で用いられている。

ANSWERS

①そのことにはそんなに驚くべきところはありませんでしたし，そのウサギが「あぁ，大変！　大変！　遅刻しちゃう！」と独り言を言うのを聞いたのも，アリスはそんなにおかしなことだとは思いませんでした。②後になってよくよく考えると，そのことを不思議に思うべきだったという考えが彼女の頭に浮かびました。しかしその時にはそのこと全てがきわめて自然なことのように思われたのです。③しかしウサギが実際にベストのポケットから時計を取り出し，それを見て，それから急いで駆け出したとき，アリスはぱっと立ち上がりました。④というのも，ベストのポケットを持ったウサギや，そこから取り出す時計を持ったウサギなんて，それまでに見たことがないということが頭にぱっと浮かんだからです。⑤アリスは好奇心にかられて，ウサギを追って野原を走ってよこぎっていきました。そして幸いにも，ちょうどウサギが生垣の下にある大きなウサギの穴へと飛び込むのを見るのに間に合ったのでした。

⑥次の瞬間，アリスはウサギを追いかけて穴の中へと飛び込んでいきました。いったいどうやって再び出ればよいのかなど，全く考えずに。

第1章

 問1 ウサギが『あぁ，大変！ 大変！ 遅刻しちゃう！』と独り言を
言うのを聞いたこと。

 問2 全訳③〜⑤参照

 問3 全訳⑥参照

VISUALIZATION

①②ウサギが人間の言葉を話していたが，アリスは不思議に
は思わなかった

③④ウサギがベストを着ていて，そこから時計まで取り出し
たのを見てアリスは起き上がった

⑤アリスは興味を持ってウサギを追いかけていった

⑥アリスはウサギを追いかけて穴の中へ入っていった

VOCABULARY

☐ remarkable	驚くべき
☐ out of the way	常道を離れて；普通でない
☐ say to oneself	独り言を言う（「心の中で思う」という意味で使われることの方が多い）
☐ think A over	A を熟考する
☐ afterwards	後で
☐ it occurs to A that ...	…が A の頭に浮かぶ
☐ ought to have Vp.p.	…すべきだった（のに実際にはしなかった）
☐ wonder at ...	…を不思議に思う；…に驚く
☐ at the time	その時は；その当時は
☐ seem	…のように思われる
☐ out of ...	…から（外へ）
☐ hurry	急ぐ
☐ start to one's feet	飛び起きる
☐ flash	（考えが）ぱっと浮かぶ
☐ curiosity	好奇心
☐ be in time to do	…するのに間に合う
☐ hedge	生け垣

1-6

英文を読んで，次の問いに答えなさい。(65 words / 難易度：★★☆)

①Whether work should be placed among the causes of happiness or among the causes of unhappiness may perhaps be regarded as a doubtful question. ②There is certainly much work which is exceedingly irksome, and an excess of work is always very painful. ③I think, however, that, provided work is not excessive in amount, even the dullest work is to most people less painful than idleness.

［注］irksome 退屈な；うんざりする

問1 ①を日本語に訳しなさい。

問2 ③を日本語に訳しなさい。

1-6　名詞節の主語 / 節中の節 / **VC 分離**

THE CONQUEST OF HAPPINESS (1)

バートランド・ラッセル (Bertrand Russell) の『幸福論』より，Chapter 14: Work の冒頭部。ラッセルはイギリス生まれで，哲学・論理学・数学・教育学など様々な分野で活躍し，1950 年にはノーベル文学賞も受賞した。美しい文章を書くことで知られており，一昔前の入試の出典の定番だった。『幸福論』が刊行されたのは 1930 年のことだが，英文の響きの美しさと示唆に富む内容は今なお色あせない。

①^S[Whether $^{S'}$work $^{V'}$should be placed

place O＋場所の副詞「O を…に置く」の受動態

       \<among the causes of happiness\>

     or \<among the causes of unhappiness\>]

^{V}may \<perhaps\> be regarded as a doubtful question.

疑わしい

regard A as B「A を B とみなす」の受動態

訳例　　仕事を幸福の原因の 1 つとすべきか (←直訳：幸福の原因の中に置かれるべきか)，それとも不幸の原因の 1 つとすべきかは，ひょっとすると簡単には決めかねる問題 (←直訳：(答えられるか) 疑わしい問題) であるとみなされるかもしれない。

▶　whether には名詞節をつくる用法と副詞節をつくる用法がある。

(a) Can ^{S}you ^{V}tell ^{O1}him ^{O2}[whether you are coming to the party]?

   ←tell は tell O_1O_2「O_1 に O_2 を伝える」の語法をとるので，whether の節は目的語になる名詞節だと分かる。名詞節の whether は「…かどうか」の意味になる。

（ℓ 訳例） あなたがパーティーに来る予定なのかどうか，彼に伝えてもらえませんか。

(b) Can ^Syou ^Vtell ^{O1}him ^{O2}the truth <whether he believes you or not>?

← tell him the truth で文が完結しているので，whether の節は副詞節になると分かる。副詞節の whether は「A であろうと B であろうと」という譲歩の意味になる（→ 1-3 ④）。

（ℓ 訳例） 彼があなたの言うことを信じようと信じまいと，彼に真実を伝えてくれないか。

▶ 名詞節の S ここでの whether は，読み進めていくと may be regarded という動詞が出てくることから，上記の図解のように名詞節として主語になっていると分かる。仮に whether の節が副詞節ならば，その後で主節となる SV のカタマリが出てくるはず。

ex. Whether he helps us or not, the result will be the same.

← Whether he helps or not のカタマリの後で the result will be という SV が出てくるので，文頭の whether の節は副詞節だと分かる。

「彼が私たちを助けてくれようとくれまいと，結果は同じものになるだろう」

②^MThere ^Vis <certainly> ^S<u>much work</u> (which is

<exceedingly> irksome),
きわめて　　　　　　うんざりする

and ^S[an excess of work] ^Vis <always> ^Cvery painful.
つらい

（ℓ 訳例） 確かに，極めて退屈な仕事もたくさんあるし，仕事の量が多すぎるのも常にとてもつらいものだ。

▶ There is と主語 much work の間に副詞 certainly が入り込んだ，MV と S が離れている例。 1-3 ① で学習済み。

▶ certainly は「確かに…だ」という文修飾になることが多い。ここでは次の文 (③) に出てくる however と相関的に用いられ,「確かに…だ。しかし〜」という〈譲歩→主張〉の流れを形成している。

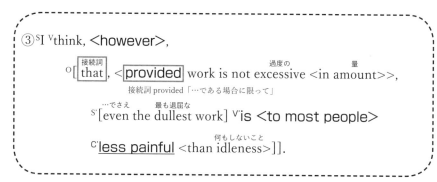

（✐訳例） しかしながら,仕事の量が度を越さなければ,最も退屈な仕事でさえ,ほとんどの人にとっては何もしないことよりも苦痛は少ないと私は思う。

▶ however は挿入。本来は文頭にあり,前の文 (②) とこの文 (③) を「しかしながら」という逆接でつなぐ。よって,「私は思う。しかし…」のような訳語は誤りで,「しかしながら,私は…と思う」のようになるのが正しい。このように,本来文頭にあるものが前後にカンマを伴って文中に挿入されるパターンは以下の通り。

━━ CHECK **文頭から文中への挿入** ━━━━━━

(a) 論理関係を示す接続副詞 (for example / however / therefore など)

ex. We had a lively discussion for hours. We did not, however, reach a unanimous decision.
「私たちは何時間も活発な議論を行った。しかしながら,満場一致の決定に至らなかった」
←本来は We had a lively discussion for hours. However, we did not reach a unanimous decision. という形で,1文目と2文目が逆接関係になっている。

(b) that 節を目的語にとる SV (I think / he said / we believe など)

> **ex.** It is not surprising, he said, that the two got married.
> 「その二人が結婚したのは驚くことではない，と彼は言った」
> ←本来は <u>He said (that)</u> it is not surprising that the two got married. であ
> り，"he said that the two got married"「彼はその二人が結婚したと言っ
> た」とは解釈できないことに注意。

▶ provided を work にかかる過去分詞と解釈してしまうと，work is
... という SV の後で even the dullest work is ... と新たに SV が続く
説明がつかない。この provided は「…の場合に限って；…という条件で」
という意味の接続詞として副詞節を形成し，主節である even the dullest
work is ... という SV にかかっている。上記構文図参照。なお，くだけた
形では providing も provided と同様の意味の接続詞として用いることが
できる。

> **ex.** You can apply for this job providing you are eligible to work within the UK.
> 「イギリス国内で働く資格をお持ちでしたら，この仕事に応募できます」

▶ 節中の節　　that 節の中で，さらに provided ... という節があること
にも注意。「節中の節」というパターン。**主節の SV に加え，接続詞 1 つ
につき SV がもう 1 つ必要という意識を持つとよい。**

> **ex.** She said that when she told her boss that she was pregnant, she was offered
> maternity leave with full pay.
> 「妊娠したと上司に告げたとき，満額有給の産休をもらったと彼女は言っ
> た」

以下のようにカッコでくくり，接続詞と SV の対応を考えていく。

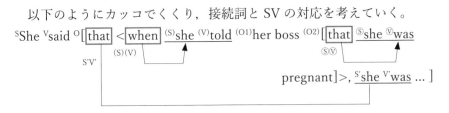

▶ ‖VC 分離‖　is to most people less painful ... の部分は，**to most people** という〈前置詞＋名詞〉をカッコにくくると，**is** が V，**less painful** という形容詞句が C になると分かる。V と C が分離しているパターン。less painful ... を most people にかけて読んでしまうと，be 動詞の補語がなくなってしまい，意味が通らなくなる。SV 分離や VO 分離を含め，こうした分離構造は読み違えやすいので注意が必要。

☞ **演習問題 [H] (p. 185)**

ANSWERS

①仕事を幸福の原因の 1 つとすべきか，それとも不幸の原因の 1 つとすべきかは，ひょっとすると簡単には決めかねる問題であるとみなされるかもしれない。②確かに，極めて退屈な仕事もたくさんあるし，仕事の量が多すぎるのも常にとてもつらいものだ。③しかしながら，仕事の量が度を越さなければ，最も退屈な仕事でさえ，ほとんどの人にとっては何もしないことよりも苦痛は少ないと私は思う。

問 1　全訳①参照

問 2　全訳③参照

VISUALIZATION

①仕事が幸福の原因（＋）となるか不幸の原因（－）となるか
は難しい問題だ

 [詳述]

②退屈すぎる仕事や量が多すぎる仕事はつらい（－）

 しかし

③量が多すぎなければ，退屈な仕事でも何もしない
よりは良い（＋）

VOCABULARY

□ place O＋場所の副詞	O を…に置く	□ exceedingly	きわめて；非常に
		□ irksome	うんざりする
□ perhaps	おそらく	□ painful	つらい；苦しい
□ regard A as B	A を B とみなす	□ provided ...	…である場合に限って
□ doubtful	簡単には決めかね	□ excessive	過度の
	る；不確かな；疑わ	□ dull	退屈な
	しい	□ idleness	何もしないこと
□ certainly	確かに		

1-7

英文を読んで，次の問いに答えなさい。(145 words / 難易度：★★☆)

(1-6 の続き)

①There are in work all grades, from mere relief of tedium up to the profoundest delights, according to the nature of the work and the abilities of the worker. ②Most of the work that most people have to do is not in itself interesting, but even such work has certain great advantages. ③To begin with, it fills a good many hours of the day without the need of deciding what one will do. ④Most people, when they are left free to fill their own time according to their own choice are at a loss to think of anything sufficiently pleasant to be worth doing. ⑤And whatever they decide on, they are troubled by the feeling that something else would have been pleasanter. ⑥To be able to fill leisure intelligently is the last product of civilisation, and at present very few people have reached this level.

［注］tedium 退屈

問 1　①を日本語に訳しなさい。

問 2　④を日本語に訳しなさい。

問 3　⑤を日本語に訳しなさい。

問 4　⑥を日本語に訳しなさい。

▼Additional Questions

問 5　⑤の would の用法を説明しなさい。

1-7 　SV 分離 / 文頭の to 不定詞

> ## THE CONQUEST OF HAPPINESS (2)
> 1-6 の続き

①^{M}There ^{V}are \<in work\> ^{S}<u>all grades</u>,
　　　　　　　　　　　　　　　　　　　　　等級

　　　　　　　from A (up) to B「A から B に至るまで」

　\<[from] mere relief of tedium [up to] the profoundest delights\>,
　　　　　単なる　軽減　　　退屈　　　　　　　　最も深い　　　喜び

　\<according to <u>the nature of the work</u> [and] <u>the abilities of the worker</u>\>.
　according to ...「…に応じて」

訳例　仕事には，単なる退屈しのぎから最も深い喜びを与えるものに至るまで，仕事の性質と働き手の能力に応じて，あらゆる等級が存在する。

▶　in work という〈前置詞＋名詞〉をカッコにくくると，There(M) are(V) と all grades(S) が離れていることが見えてくる。 1-3 ①や 1-6 ②で扱っているパターン。

▶　all grades「あらゆる等級」の詳しい説明が，直後の from A (up) to B「A から B に至るまで」によってなされている。一番低いグレードの仕事から (from) 一番高いグレードの仕事まで (up to) カバーするから all (全て) と言うことができる，ということ。

語彙　according to ... は (a)「(情報源) によると」という意味の他に，(b)「…に応じて」(c)「…に従って」という意味があることに注意。今回は (b) の意味で用いられている。(c) の例は以下の通り。

ex. Everything went according to plan. 「全てが計画通りに進んだ」

②ᔆMost of the work ([関係代名詞] | that | most people have to do)

ⱽis not <in itself> ᶜinteresting,
in itself「それ自体は」

| but | ᔆ[even such work] ⱽhas ᶜcertain great advantages.
…でさえ

訳例 大半の人が行わねばならない仕事のほとんどは，それ自体面白いものではない。しかし，そのような仕事でさえ，ある種の大きな利点がある。

▶ **VC 分離** Most of the work (S) ... is not (V) は SV 分離，is not (V) <in itself> interesting (C) は VC 分離の形。

▶ in itself / in themselves は「他のものと切り離してそれ単独で見ると」という意味。

ex. The slides are interesting in themselves, but they would be greater with some more pictures.
「そのスライドはそれだけでも面白いですが，もっと写真を加えるとさらに良くなりますよ」

③<To begin with>,
to begin with「第一に」

ᔆit ⱽfills ᴼa good many hours of the day
=the work   a good many A「非常に多くの A」

<without the need of ⁽ⱽ⁾ deciding ⁽ᴼ⁾[what one will do]>.
一般人称（＝訳さない）

訳例 第一に，仕事は，何をするか決める必要もなく，一日のうちの非常に多くの時間を満たしてくれる。

▶　To begin with「第一に」は前文の certain great advantages「ある種の大きな利点」という漠然とした内容を具体的に詳述するために用いられている。このように，**英語の文章は〈漠然→詳述〉という流れで進んでいくことを押さえておきたい**。なお，ここでは「仕事の利点」の1つ目が詳述されているが，2つ目は本書に掲載されていない続きの部分に書かれている。

語彙　good には a good A の形で「かなりの A（＝数量・程度など）」を表す用法がある。今回のように a good many という形でも用いられる。

> **ex.**　a good distance「かなりの距離」
> 　　　a good income「かなりの収入」
> 　　　a good day's work「たっぷり一日分の仕事」
> 　　　take a good three hours「ゆうに3時間はかかる」

語彙　one は一般人称。「（具体的に誰がでなく）一般的に人は…」という意味。日本語では訳さないのが普通。

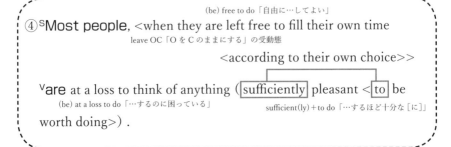

④ˢMost people, <when they are left free to fill their own time
 (be) free to do「自由に…してよい」
 leave OC「O を C のままにする」の受動態

    <according to their own choice>>

ⱽare at a loss to think of anything (sufficiently pleasant <to be
(be) at a loss to do「…するのに困っている」　　　sufficient(ly)＋to do「…するほど十分な[に]」

worth doing>).

訳例　大部分の人は，自分自身の選択に従って自分自身の時間を自由に使って（←直訳：満たして）よい状態に置かれると，やるだけの価値がある楽しいことを思いつけずに困ってしまう。

▶ SV分離 再び SV 分離のパターン。Most people の直後に when の節が出てくるので，**Most people に対する V を探す**ようして読むのが基本。when の節を丁寧に追っていくと，are (at a loss ...) という動詞が出てくるので，これが V であり，when の節はその直前で閉じると分かる。

▶ they are left free to fill ... は leave them free to fill ...「彼らに自由に…を使わせる（←直訳：彼らのことを，…を自由に埋めてよい状態のままにする）」の受動態。受動態だが，無理に「れる・られる」という訳語に当てはめてしまうと（「彼らが自由に…を使わせられる」?）うまくいかない。文脈に応じて意訳すると良い。今回は「（自由に…を使ってよい）状態に置かれる；ことにされる」などと訳せる。

語彙 according to ... は「…に従って」の意味（→①）。

▶ 形容詞 sufficient / 副詞 sufficiently は enough と同様に後ろに to 不定詞をとり，「…するほど十分な［に］」の意味になる。よってここでの anything <u>sufficiently</u> pleasant to *do* は anything pleasant enough to *do* と同義（enough の場合は形容詞・副詞を後ろから修飾するため，この語順になる）。

⑤ And <whatever they decide on>,

         decide on ...「（多くの選択肢から）…に決める」

they are troubled <by <u>the feeling</u> [接続詞 <u>that</u> something else would have

trouble ...「…を悩ませる」

                  been pleasanter]>.

✐訳例 そして，何を選んだとしても，それ以外のものを選んでいた方が，もっと楽しかっただろうという感情に悩まされてしまう。

▶ whatever は名詞節をつくる用法と副詞節をつくる用法がある。今回は後ろに they are troubled という SV があることから，副詞節をつくる用法。「何が［を］…しても」という譲歩の意味になる。

▶ the feeling that の that は同格節を導く接続詞の that で，the feeling「感情」の内容説明が that 以下に続いている。

▶ would have Vp.p. は仮定法。ただし if 節が無いパターン。ここでは whatever they decide on「何を選んだとしても」とあるように，ある一つの選択肢に決めたことを前提にしている箇所なので，something else「何か他のもの」を選ぶことは「非現実」となる。ゆえに，「もし何か他のものを選んでいたとしたら，それがより楽しいものであった（という感情）」という意味になっている。このように if 節の代わりに他の語句（今回は主語の something else）に条件節の内容を込めるパターンに注意。助動詞の過去形を手掛かりにして仮定法のニュアンスを読み取る。

ex. One more step, and you would have fallen from the platform.
「あと一歩で君はプラットフォームから落ちていたよ」
←"One more step, and" が条件。
Decades ago, you would never have seen such a beautiful picture.
「数十年前ならこんな美しい写真を見ることはなかっただろう」
←"Decades ago" が条件。

⑥ ᶳ[To be able to fill leisure intelligently] （余暇の時間）

ⱽis ᶜthe last product of civilisation, （文明）

and <at present> ˢvery few people ⱽ<u>have reached</u> ᴼthis level.
at present「現在は」

訳例 余暇の時間を賢く埋められることは，文明がなかなか生み出せないもの（←直訳：最後に生み出すもの）であり，現在のところ，この水準に達している者はきわめて少ない。

▶ 　文頭の to 不定詞 　　文頭が To do で始まっている場合，①名詞用法で文の S ②副詞用法（目的）の 2 つのパターンがある。これは 1-2 ⑤で扱った「Ving で始まる文」と同じように，後ろに続く形で見分けられる。

＝CHECK　**文頭の to 不定詞** ＝＝＝＝＝＝＝＝＝＝＝＝

(a) To do ... V（←To do のカタマリが終わった後，V が出てくる）

：名詞用法 S「…ということ」

ex. To use a computer effectively is difficult for me.
「コンピュータを使いこなすことは私にとって難しい」
←To use a computer effectively がカタマリで，その後に動詞の is が出てくることから，to 不定詞は名詞用法で S となる。

(b) To do ... (,) SV（←To do のカタマリが終わった後，SV が出てくる）

：副詞用法（目的）「…するために」

ex. To use a computer effectively, I have to learn a lot of things.
「コンピュータを使いこなすために，私は多くのことを学ばなくてはならない」
←To use a computer effectively がカタマリで，その後に I have to learn という SV が出てくることから，to 不定詞は副詞用法（目的）となる。

今回は上記の構文図の通り，(a) のパターン。

☞演習問題 [I]（p. 186）

▶ 　to be able to fill leisure intelligently「余暇の時間を賢く埋められる」とは，④や⑤で述べられている「やる価値があることを思いつけず，思いついたとしても他の選択肢について考えてしまう例」を考えれば，「余暇の時間にやる価値のある楽しいことを自分で考えて実行し，それを楽しんで後悔しないこと」ということになるだろう。

ANSWERS

①仕事には，単なる退屈しのぎから最も深い喜びを与えるものに至るまで，仕事の性質と働き手の能力に応じて，あらゆる等級が存在する。②大半の人が行わねばならない仕事のほとんどは，それ自体面白いものではない。しかし，そのような仕事でさえ，ある種の大きな利点がある。③第一に，仕事は，何をするか決める必要もなく，一日のうちの非常に多くの時間を満たしてくれる。④大部分の人は，自分自身の選択に従って自分自身の時間を自由に使ってよい状態に置かれると，やるだけの価値がある楽しいことを思いつけずに困ってしまう。⑤そして，何を選んだとしても，それ以外のものを選んでいた方が，もっと楽しかっただろうという感情に悩まされてしまう。⑥余暇の時間を賢く埋められることは，文明がなかなか生み出せないものであり，現在のところ，この水準に達しているものはきわめて少ない。

問 1 全訳①参照

問 2 全訳④参照

問 3 全訳⑤参照

問 4 全訳⑥参照

▼Additional Questions

問 5 仮定法。

VISUALIZATION

①②仕事には様々なものがあるが，面白くない仕事でも利点がある

[詳述]

③利点の１つは，何をやるか決めなくても，仕事が１日の時間の多くを満たしてくれることだ

[詳述]

④時間が空いていると何をやればよいか迷ってしまう
　＋⑤選ばなかった選択肢に対する後悔も残る

ゆえに

⑥余暇の時間を賢く埋めるのは難しい

VOCABULARY

□ grade	等級；学年；成績	□ be free to do	自由に…してよい
□ relief	軽減（cf. relieve（苦痛など）を取り除く）	□ be at a loss to do	…するのに困っている
□ profound	深い	□ sufficiently	十分に
□ delight	喜び	□ pleasant	楽しい
□ according to ...	…によると；…に応じて；…に従って	□ decide on ...	（多くの選択肢から）…に決める
□ nature	性質	□ trouble（動詞）	…を悩ませる
□ in itself	それ自体は	□ leisure	余暇の時間
□ advantage	利点	□ intelligently	賢く
□ to begin with	第一に	□ civilisation	文明
□ fill	…を満たす	□ at present	現在は
□ a good many A	非常に多くの A		

1-8

英文を読んで，次の問いに答えなさい。(121 words / 難易度：★★☆)

(**1-6** **1-7** の続き)

①Moreover, the exercise of choice is in itself tiresome. ②Except to people with unusual initiative it is positively agreeable to be told what to do at each hour of the day, provided the orders are not too unpleasant. ③Most of the idle rich suffer unspeakable boredom as the price of their freedom from drudgery. ④At times they may find relief by hunting big game in Africa, or by flying round the world, but the number of such sensations is limited, especially after youth is past. ⑤Accordingly, the more intelligent rich men work nearly as hard as if they were poor, while rich women for the most part keep themselves busy with innumerable trifles of whose earth-shaking importance they are firmly persuaded.

［注］drudgery: 単調な骨折り仕事　trifle: つまらないこと

問 1　②を日本語に訳しなさい。

問 2　③を日本語に訳しなさい。

問 3　⑤を日本語に訳しなさい。

▼Additional Questions

問 4　④の find relief の意味合いを説明しなさい。

問 5　⑤の if they were poor の直前に省略されている語句（4 語）を答え
なさい。

1-8 MSV

> # THE CONQUEST OF HAPPINESS (3)
> 1-6 1-7 の続き

---

① \<Moreover\>, ˢthe exercise (of choice) ⱽis \<in itself\> ᶜtiresome.
（面倒な）

（✐ 訳例） さらに言うと，選択を行うことそれ自体が面倒なものだ。

語彙 名詞 exercise には「行うこと」の意味がある。なお，動詞の exercise にも「... を行使する；発揮する」の意味がある。語頭の ex- が「外へ」の意味があることを意識すると覚えやすい。

> **ex.** exercise imagination「想像力を発揮する」
> exercise one's right「権利を行使する」
> exercise an influence (on ...)「(…に) 影響力を行使する」

▶ in oneself や VC 分離は 1-7 ② と同じ形。

---

② \<Except to people (with unusual initiative)\>
（…を除いて）　　　　　（並外れた）（創意工夫）

仮Sˢ(it)ⱽis ᶜ\<positively\> agreeable
（肯定的に）（受け入れられる）

真Sˢ[to be told [what to do \<at each hour of the day\>]],

\<provided the orders are not too unpleasant\>.
（命令）　　　　　　（不快な）

接続詞 provided「…である場合に限って」

（✐ **訳例**）　並外れた創意工夫を持つ人々を除けば，一日の一時間ごとに何をすべきか言われることは肯定的に受け入れられることなのである。その命令があまりに不快なものでない場合に限る話だ。

▶　except は前置詞として分類されるが，後ろには名詞だけでなく that 節や副詞句，不定詞など様々なものを置くことができる。ここでは to people with … という副詞句を置いている。except は例外を示すので，全体では「並外れた創意工夫を持つ人々にとっては肯定的に受け入れられないが（＝例外），他の人には肯定的に受け入れられる」という内容になっている。

▶　MSV　文頭に修飾語句 M（Except … initiative）が置かれ，SV の始まりが見えにくくなる MSV のパターン（→ 1-3 ③）。副詞や〈前置詞＋名詞〉のカタマリをカッコにくくっていくと，前置詞がついていない名詞や代名詞（ここでは仮主語 it）が出てきて，これが S となる。

☞ 演習問題 [J]（p. 188）

▶　to be told what to do … は ᵛtell ᴼ¹[人] ᴼ²[what to do]「[人] に何をすべきか伝える」という第 4 文型の受動態である [人] is told [what to do] を基にした表現。

▶　接続詞の provided「…の場合に限って；…という条件で」は 1-6 ③ で学習済み。

▶　the orders「その命令」は，be told what to do at each hour of the day「一日の一時間ごとに何をすべきか言われる」のことを指す。

③ ^S[Most of the idle rich] ^Vsuffer ^Ounspeakable boredom
仕事をしていない　…を経験する　言いようのない　退屈

代償
骨折り仕事
<as the price of their freedom from drudgery>.

訳例　有閑階級（＝資産があり，生活のために働く必要が無い階級）の大部分は，骨折り仕事をしなくてよいことの代償として，言いようのない退屈を経験している。

▶ 〈the＋形容詞〉には以下の 2 つの意味がある。
　　① 〈形容詞〉な人々　　**ex.** the young「若者」
　　② 〈形容詞〉なもの・こと　**ex.** the unknown「未知のもの」
　ここでは①の用法。the idle rich で「仕事をしておらず，時間を持て余している金持ちな人々（有閑階級）」という意味になる。

▶ as は前置詞として使われる場合，今回のように「…として」という意味になるのが原則。

語彙　freedom は「自由」という直訳よりも，「（…から）解放されている」あるいは「…が無い」（演習問題［D］(4) で扱った free の名詞形）と訳すとよい。

④ <At times> ^Sthey ^Vmay find ^Orelief <by hunting big game <in Africa>>,
at times「時々」　　気晴らし　　獲物　　by＋-ing「…することによって」(手段)

or <by flying <round the world>>,

but ^Sthe number (of such sensations) ^Vis limited,
may ... but ～「…かもしれないが，しかし～」　興奮

<especially> <after youth is past>.
青年期　過ぎ去った

（✐ **訳例**）　時には，アフリカで大きな獲物を狩ったり，飛行機で世界を一周したりして，彼らは気晴らしを見つけるかもしれない。しかし，そうした興奮の機会（←直訳：数）は，限られているものであり，特に青年期が過ぎ去った後ではそうなのである。

▶　relief には「安堵感；（苦痛などの）緩和」などの意味があるが，前文③からのつながりを考えれば，find relief で「退屈を紛らわせてくれるものを見つける」くらいの意味であることが分かる。

▶　may ... but 〜「…かもしれないが，しかし〜」という形で〈譲歩→主張〉という流れを形成している。

⑤ \<Accordingly\>, ^S[the more intelligent rich men] ^Vwork

　　　　　　　　\<nearly\> as hard as \<if they were poor\>,

while ^Srich women \<for the most part\>

（be) busy with ... 「…で忙しい」
^Vkeep ^Othemselves ^Cbusy with innumerable trifles（数えきれない　つまらないこと）
keep OC「（意図的に）OをCのままにする」

(of whose earth-shaking importance（大地を揺るがすほどの） they are firmly persuaded).
= the rich women

（✐ **訳例**）　したがって，より頭が良く金持ちの男性たちは，仮に貧乏であった場合にそうするのとほぼ同じくらい懸命に働き，その一方で金持ちの女性たちは，たいていの場合，大地を揺るがすほどの重要性があると固く信じている，数えきれないほどのつまらないことで自分たちを忙しくしているのである。

▶ 同等比較 as ... as の二つ目の as は接続詞 (あるいは前置詞) なので, 後ろには SV (前置詞の場合は名詞のみ) がくるはずであるが, if they were poor という副詞節のみが置かれている。ここで, if they were poor が仮定法である点に注目したい。この文では, より頭が良く金持ちな男性たちが「現実に懸命に働いている」ことと「もし貧乏だったとしたら懸命に働いている」ことを比較している。よって, the more intelligent rich men work nearly as hard as (they would work hard) if they were poor. のように SV を補うことができる。主節は事実表現を表す直説法の work, as の後ろでは仮定法の would work が用いられている。as if ... 「まるで…のように」というつながりではないので注意。類例は以下の通り。

> **ex.** I never feel as happy as when I'm with my wife.
> 「妻と一緒にいるときほど幸せに感じる時はない」
> ≒ I never feel happier than when I'm with my wife.
> 「妻と一緒にいるときよりも幸せに感じる時はない」
> ←共に as / than の後ろに I feel happy が省略されている。

▶ of whose .... persuaded は関係詞節。whose は後ろに名詞を伴い (ここでは earth-shaking importance), かつ直前が前置詞 (ここでは of) の場合は共に関係詞のカタマリとして扱うことができる。元の文は

innumerable trifles ＋

= the rich women　　　　　　　　　= innumerable trifles'
they are firmly persuaded of their earth-shaking importance
A is persuaded of B「A が B を確信している」　　　　　whose

「彼女たちはそれらの大地を揺るがすほどの重要性を固く信じている」

↓

innumerable trifles

of whose earth-shaking importance they are firmly persuaded

という形。

語彙 A is persuaded of B「AがBを確信している」は persuade A of B「AにBのことを確信［納得］させる」の受動態からきている。

語彙 innumerable は単語の中に number「数」が見えれば，in（否定）＋「数」＋able「できる」から，「数えられない（ほどの）」という意味が導ける。

ANSWERS

　①さらに言うと，選択を行うことそれ自体が面倒なものだ。②並外れた創意工夫を持つ人々を除けば，一日の一時間ごとに何をすべきか言われることは肯定的に受け入れられることなのである。その命令があまりに不快なものでない場合に限る話だが。③有閑階級の大部分は，骨折り仕事をしなくてよいことの代償として，言いようのない退屈を経験している。④時には，アフリカで大きな獲物を狩ったり，飛行機で世界を一周したりして，彼らは気晴らしを見つけるかもしれない。しかし，そうした興奮の機会は，限られているものであり，特に青年期が過ぎ去った後ではそうなのである。⑤したがって，より頭が良く金持ちの男性たちは，仮に貧乏であった場合にそうするのとほぼ同じくらい懸命に働き，その一方で金持ちの女性たちは，たいていの場合，大地を揺るがすほどの重要性があると固く信じている，数えきれないほどのつまらないことで自分たちを忙しくしているのである。

問 1　全訳②参照

問 2　全訳③参照

問 3　全訳⑤参照

▼Additional Questions

問 4　「退屈を紛らわせてくれるものを見つける」など
問 5　they would work hard

VISUALIZATION

（③「労働の利点の1つは1日の時間の多くを満たしてくれることだ」の詳述部分の続き）

①②選択それ自体が面倒なので，何をすべきか言われるのは苦にならない

[具体化]

③労働をしなくてよい金持ちは退屈を経験している
＋④興奮の機会は限られている

したがって

⑤金持ちも働く必要がないのに一生懸命働く

VOCABULARY

☐ moreover	さらに；その上	☐ suffer	…を経験する
☐ exercise (of …)	(…) を行うこと	☐ boredom	退屈
☐ tiresome	面倒な	☐ price	代償；価格
☐ except …	…を除いて	☐ at times	時々
☐ unusual	珍しい；並外れた	☐ game	獲物
☐ initiative	創意工夫；主導権	☐ accordingly	したがって
☐ positively	肯定的に	☐ for the most part	
☐ agreeable	受け入れられる		たいていの場合
☐ order	秩序；順序；命令；	☐ be busy with …	…で忙しい
	注文	☐ innumerable	数えきれないほどの
☐ unpleasant	不快な	☐ trifle	つまらないこと

第 2 章

2-1

英文を読んで，次の問いに答えなさい。(137 words / 難易度：★★☆)

①The Sultan Schahriar had a wife whom he loved more than all the world, and his greatest happiness was to surround her with splendour, and to give her the finest dresses and the most beautiful jewels. ②It was therefore with the deepest shame and sorrow that he accidentally discovered, after several years, that she had deceived him completely. ③Her whole conduct turned out to have been so bad that he felt himself obliged to carry out the law of the land, and order the grand-vizier to put her to death. ④The blow was so heavy that his mind almost gave way, and he said that he was quite sure that at bottom all women were as wicked as the sultana, if you could only find them out, and declared that the fewer the world contained the better.

［注］Sultan Schahriar シャハリヤール王　splendour 豪華なもの　grand-vizier（イスラム教国の）首相　sultana 王妃

問 1　②を日本語に訳しなさい。

問 2　④を日本語に訳しなさい。

▼Additional Questions

問 3　③の that の役割を答えなさい。

2-1 that の識別 (強調構文 / 名詞節を導く that / so ... that の that / <be＋形容詞＋that 節> の that)

THE ARABIAN NIGHTS (1)

『千夜一夜物語』(『アラビアンナイト』) より。妻の不貞を知ったペルシャのシャハリヤール王が女性不信になり，毎晩女性を宮殿に招き入れては翌朝にその女性を殺害するという行為を繰り返していた。ある時，宮殿に呼ばれたシェヘラザードという娘が，殺されないよう興味深い物語を王に語って聞かせ，続きはまた明日，として話を打ち切ることで何とか生き延びる，というのが大まかな話の流れ。ここでは，その話が始まる前の冒頭部から抜粋された部分を読んでいく。

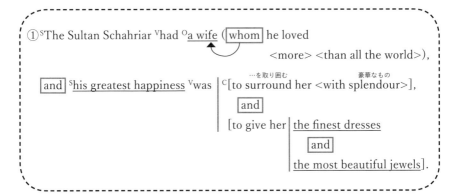

訳例 シャハリヤール王は世界のあらゆる者よりも愛している妻をめとっていました。そして彼の最大の喜びは，彼女を豪華なもので取り囲み，彼女に最もきれいなドレスや最も美しい宝石を与えることでした。

▶ his greatest happiness was to surround ... は 1-5 ⑥ で学習した be to 構文で解釈してしまうと，「最大の喜びが (S) …を取り囲む (V)」という関係性になってしまい，意味が通らない。ここでは to 不定詞を名詞用法で補語 (C) とすれば，「最大の喜び (S) ＝…を取り囲むこと (C)」となり，意味が通る。

②<u>It was</u> <therefore> <with the deepest shame and sorrow> [that]

^{S}he <accidentally> ^{V}discovered, <after several years>,

^{O}[[that] she had deceived him <completely>].

（訳例） それゆえ，彼女が彼のことを完全に騙していたと数年経って偶然分かり，彼は心の底から恥じ，悲しみに暮れたのでした。

▶ that の識別　with the deepest shame and sorrow が強調された強調構文。

=== CHECK　強調構文 ===

強調構文は文中の名詞要素あるいは副詞要素を前に出し，it is … that で挟むことによって強調したもの。

［元の文］				Mary met Ken in the library yesterday.
［Ken を強調］	It was	Ken	that	Mary met ☐ in the library yesterday.
［Mary を強調］	It was	Mary	that	☐ met Ken in the library yesterday.
［yesterday を強調］	It was	yesterday	that	Mary met Ken in the library ☐.
［in the library を強調］	It was	in the library	that	Mary met Ken ☐ yesterday.

　以上より，名詞が強調されている場合は that 以下の文中に名詞が 1 つ欠け，副詞が強調されている場合は that 以下が完全文（名詞が欠けていない文）となることが分かるが，結局，品詞をいちいち考えるまでもなく，**It is … that で挟まれている要素を that 以下の文中に戻して文意が通るかどうかが強調構文の判断基準の 1 つとなる。**

　本問も he accidentally discovered … with the deepest shame and sorrow と戻してみると，「心の底からの恥ずかしさや悲しみとともに…を発見した」となり，文意も構造も正しくなることが分かる。

☞ **演習問題 [K] (p. 190)**

▶ 　that の識別　 discover が他動詞であることがポイント。after several years という副詞句をカッコにくくると，目的語である that 節が見えてくる。VO 分離のパターン（→ 1-4 ④など）。よって，ここでの that は名詞節を導く that だと分かる。

=== CHECK　名詞節を導く接続詞 that ===

that SV のカタマリが文中で名詞として働き，文の主語，他動詞の目的語，補語のいずれかになる。

例文	that 節の役割
⁽仮⁾ˢIt ⱽis ᶜsurprising ⁽真ˢ⁾[that my wife is suspected of murder]. 私の妻が殺人の嫌疑をかけられているのは驚くべきことだ。	主語（真主語）
ˢI ⱽbelieve ᴼ[that my wife is innocent]. 私は妻が無実だと信じている。	他動詞の目的語
ˢThe problem ⱽis ᶜ[that my wife has no alibi for the night]. 問題は，妻にその夜のアリバイが無いことだ。	補語

なお，普通の名詞は前置詞の目的語になれるが，that に導かれた名詞節は原則として前置詞の目的語になれないことに注意。

ex.　「警察は彼女が血のついたナイフを所持していることに関心を持っている」
　　（×）The police are interested in [that she has a bloody knife].
　　（○）The police are interested in the fact [that she has a bloody knife].
　　　　※この that は同格の that。

なお except「…を除いて」は例外的に，後ろに that 節を置くことができる（→ 1-8 ②）。

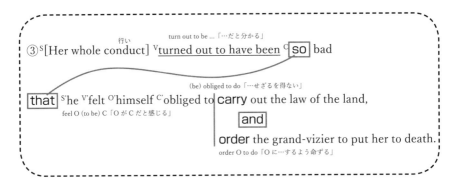

(Ø 訳例) 彼女の行いは全てとてもひどいものだったと分かったので，彼は国法を執行し，首相に彼女を死刑にするよう命じざるを得ないと感じました。

▶　一般に，to 不定詞を to have Vp.p. の形で用いることで，主文の動詞よりも前の出来事や，その時点までに完了したことを表すことができる。

ex.　He is said <u>to be</u> rich.「彼は金持ちだと言われている」
（←「現在金持ちである」と「現在言われている」）
He is said <u>to have been</u> rich when he was young.
「彼は金持ちだったと言われている」
（←「若い頃に金持ちであった」と「現在言われている」）

　ここは It turned out that her whole conduct had been so bad ... と書き換えたのと同じ意味合いになっている。

▶　**that の識別**　so bad that ... は so＋形容詞/副詞＋that ...「とても形容詞/副詞なので…」「…なほど形容詞/副詞」という so ... that 構文。この that 節は全体で副詞節。また，that 節内は完全文（＝関係代名詞のように S/他動詞の O/前置詞の O/C になる名詞が欠けていない文）となる。上位層の学習者でもこの that が意外と見破れないので（今回は so と近いので明白だが…），that の直前に so や such があったら，まずこの構文を疑うこと。

▶　and の直後は order という原形 or 現在形なので，ここでは carry と並列関係になる（すなわち to 不定詞になる）と考える。その前に動詞 felt があるが，こちらは過去形なので合わない。時制が違うものが結ばれることももちろんあるが，今回は全体が過去の内容であるため，述語動詞なら過去形で用いられると判断できる。

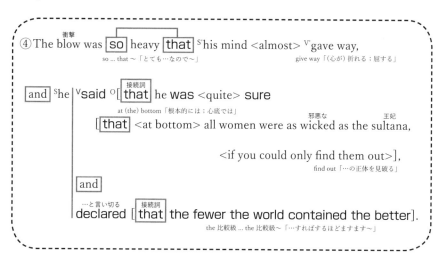

📝訳例　その精神的ショックは相当大きなものだったので，彼の心は折れる寸前でした。そして彼は，根っこの部分で全ての女性は，その正体を見破ることができさえすれば，みんなあの王妃と同じくらい邪悪なものであると確信したと言い，この世に女性が少なければ少ないほど良いのだと言い切ったのでした。

語彙　almost は「（修飾する語句が示す内容に）届きそうで届かない」というのが中核的な意味。「ほとんど」という訳語だけでは訳せないこともある。

ex.　I almost missed my train.
　　（×）「私はほとんど電車を乗り逃した」
　　（○）「私はもう少しで電車を乗り逃すところだった」
　　　　←missed my train「電車を乗り逃す」には届いていないものの，もう少しでそうなりそうだった，ということ。

　訳語のバリエーションとしては「もう少しで…するところだった」「…と言ってもいいくらいだ」「ほぼ…に等しい」などがある。almost gave way とは，実際に心は折れていないものの，もう少しで折れそうだった，ということを意味している。

▶ **that の識別**　be sure that ... で「…を確信している」の意。sure など一部の形容詞は直後に that 節を伴うことができる。この that 節が何節か（名詞節か，副詞節か）を考える必要はない。be sure that は that 節が「確信している内容」を示していることを押さえよう。

〈be＋形容詞＋that 節〉をとれる形容詞は以下の通り。

> happy や surprised などの感情を表す形容詞 / sure / certain / confident / afraid /aware / conscious　など

▶　最後の the fewer the world contained the better は〈the 比較級 ..., the 比較級〜〉「…すればするほど〜」の形になっている。the fewer は the fewer women のこと。the better の後ろには it (＝the world) was が省略されている。**この構文では be 動詞や〈S＋be 動詞〉がよく省略される。**この文の元の文は下記の通り。

　　　^{S}[The world] ^{V}contained ^{O}[fewer women].「この世界に女性がより少ない」
　　　^{S}It ^{V}was ^{C}better.　　　　　　　　　　「この世界はより良い」
ここから比較級の部分（fewer women / better）に the をつけて前に出し，つなげると「…すればするほど〜」という比例関係を表すことができる。

ANSWERS

　①シャハリヤール王は世界のあらゆる者よりも愛している妻をめとっていました。そして彼の最大の喜びは，彼女を豪華なもので取り囲み，彼女に最もきれいなドレスや最も美しい宝石を与えることでした。②それゆえ，彼女が彼のことを完全に騙していたと数年経って偶然分かり，彼は心の底から恥じ，悲しみに暮れたのでした。③彼女の行いは全てとてもひどいものだったと分かったので，彼は国法を執行し，首相に彼女を死刑にするよう命じざるを得ないと感じました。④その精神的ショックは相当大きなものだったので，彼の心は折れる寸前でした。そして彼は，根っこの部分で全ての女性は，その正体を見破ることができさえすれば，みんなあの王妃と同じくらい邪悪なものであると確信したと言い，この世に女性が少なければ少ないほど良いのだと言い切ったのでした。

問 1　全訳②参照

問 2　全訳④参照

▼Additional Questions

問 3　so ... that 構文の that

第 2 章

VISUALIZATION

①シャハリヤール王はたくさんの贈り物をするほど妻を愛していた

②妻が彼を騙していたと知ってショックだった

③妻を死刑にせざるを得なかった

④ショックのあまり，女性はみな根は妻と同じくらい邪悪であり，世の女性の数が少なければ少ないほど良いと言った

VOCABULARY

□ surround	…を取り囲む	□ carry out	…を実行する
□ therefore	それゆえに	□ law	法律
□ shame	恥	□ order O to do	O に…するよう命じる
□ sorrow	悲しみ	□ give way	（心が）折れる；屈する
□ accidentally	偶然に	□ at (the) bottom	根本的には；心底では
□ deceive	…をだます	□ wicked	邪悪な
□ completely	完全に	□ declare (that ...)	…だと言い切る；…を宣言する
□ conduct（名詞）	行い		
□ turn out to be ...	…だと分かる	□ contain	…を含む
□ be obliged to do	…せざるを得ない		

82

2-2

英文を読んで，次の問いに答えなさい。(115 words / 難易度：★★☆)

(**2-1** の続き)

①So every evening he married a fresh wife and had her strangled the following morning before the grand-vizier, whose duty it was to provide these unhappy brides for the Sultan. ②The poor man fulfilled his task with reluctance, but there was no escape, and every day saw a girl married and a wife dead. ③This behaviour caused the greatest horror in the town, where nothing was heard but cries and lamentations. ④In one house was a father, weeping for the loss of his daughter; in another a mother, worrying about the fate of her child. ⑤And instead of the praise that had formerly been showered upon the Sultan, the air was now full of curses.

［注］strangle …を絞め殺す

問1　①を日本語に訳しなさい。

問2　④を日本語に訳しなさい。

問3　⑤を日本語に訳しなさい。

▼Additional Questions

問4　②の二つ目の and が何と何を並列しているか，答えなさい。

問5　③の but はどのような意味か答えなさい。

2-2　関係詞 whose / that の識別（関係代名詞の that）/ 共通要素の省略

THE ARABIAN NIGHTS (2)

2-1 の続き

---

①So <every evening>

^Sshe|^Vmarried ^O[a fresh wife] 新たな

and

^Vhad ^Oher ^Cstrangled <the following morning> <before the grand-vizier, 絞殺する　その　次の　朝　　　　　　　　　　　　　　　　　　首　相

whose duty ^{仮S'}it ^Vwas

^{真S'}[to provide these unhappy brides <for the Sultan>])>. 花嫁　　　　　　　　　　　王

（✐訳例）　そこで，彼は毎晩新たな妻をめとり，翌朝に首相の前でその女性を絞め殺させたのでした。王にそうした不幸な花嫁たちを用意するのが，首相の役目だったのです。

▶　had her strangled は have＋O＋Vp.p.「O が…される；O を…してもらう」（受け身・被害）の形。「受け身」の場合には「他の人（特に専門家）にやってもらう」というニュアンスにもなる。

ex.　I had my PC repaired yesterday.「私は昨日パソコンを修理してもらいました」
（←専門家に頼んだというニュアンス）

cf. I repaired my PC yesterday.「私は昨日パソコンを直しました」
（←自分で直したというニュアンス）

　ここでも，王 (the Sultan) が直接手を下したのではなく，家来に命じてやらせたという意味になっている。

▶ **関係詞 whose**　whose duty ... は以下のように成立した文。

the grand-vizier＋	^S[to provide ...] ^Vwas ^Chis duty.	

the grand-vizier＋　　　　　^S[to provide ...] ^Vwas ^C⟨his⟩ duty.
↓（仮主語 it を用いた文に）
the grand-vizier＋　　　　　^{仮S}it　　　　^Vwas ^C⟨his⟩ duty ^{真S}[to provide ...]
↓（所有格 his を whose に代えて，関係詞節に）
the grand-vizier＋⟨whose⟩ duty ^{仮S}it　　　　^Vwas　　　　　^{真S}[to provide ...]

よって，先行詞 the grand-vizier と合わせると，「…を与えることがその職務である首相」となる。このように，関係詞と仮主語を組み合わせた形に注意。

ex. They are the volunteer workers whose task it is to collect and dispose of our garbage.
「彼らは私たちの出したゴミを回収して捨ててくれるのが仕事のボランティアだ」
←^{仮S}it ^Vis ^C⟨their⟩ task ^{真S}[to collect and ...] を元にした文。

②^SThe poor man ^Vfulfilled ^Ohis task ＜with reluctance＞, but there was no escape,
　　= the grand-vizier　（…を行う）　　　　　　（気が進まないこと）

　　　　　　and

^Severy day　　^Vsaw │^Oa girl ^Cmarried

　　　　　　　　　　　│　　and

　　　　　　　　　　　│^Oa wife ^Cdead.

◇訳例　そのかわいそうな男（＝首相）はその仕事を行うのに気が進みませんでしたが，逃れることはできず，毎日，少女が結婚し，夫人となったその少女が死んでいったのでした。

▶ 後半部の saw に対する主語は every day。〈時〉＋see ... で「〈時〉が…を目撃する；〈時〉に…が起こる」の意。

ex. Last year saw a big increase in the number of foreign tourists in Japan.
「昨年は日本への外国人観光客の数が大幅に増加した」

▶ a girl と a wife は同一人物を指している。①の「毎晩新たな妻をめとり，次の朝に（妻になった）その女性を絞め殺させた」という内容を受けたもの。

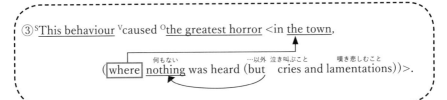

③ˢThis behaviour ⱽcaused ᴼthe greatest horror <in the town,
（where nothing was heard (but cries and lamentations))>.
何もない　…以外　泣き叫ぶこと　嘆き悲しむこと

訳例 こうした行動は街にこの上ない恐怖を引き起こし，街には泣き叫ぶ声と嘆き悲しむ声だけしか聞こえなくなりました。

▶ This behaviour「こうした行動」とは，「街にこの上ない恐怖を引き起こす行動」なので，②ではなく①で言及された「毎晩新たな妻をめとり，次の朝にその女性を絞め殺させた」という内容を指す。

語彙 but には以下の 3 つの意味がある。
(a)［接続詞］「しかし」
(b)［副詞］「ほんの…；…にすぎない」（＝only）
ex. He is but a child.「彼はほんの子供だ」
(c)［前置詞］「…以外；…を除いて」
ex. All but one came back.「一人を除いて全員帰ってきた」
今回は (c) の前置詞の用法で nothing を修飾しており，「…以外何もない」→「…だけしかない」という意味を形成している。

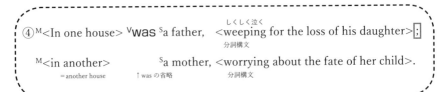

④ᴹ<In one house> ⱽwas ˢa father, <weeping for the loss of his daughter>；
しくしく泣く
分詞構文

ᴹ<in another> ˢa mother, <worrying about the fate of her child>.
＝another house　↑was の省略　分詞構文

訳例 ある家には父親がいて，娘を失ったことで泣いていました。また別の家には母親がいて，自分の子のゆく末（←直訳：運命）について心配をしていました。

▶　全体は MVS の倒置（→ **1-5** ⑥）＋分詞構文。元の語順は A father was in one house, weeping ... となる。

▶　共通要素の省略　セミコロン（;）を挟んで同じ形が繰り返されているので，2 文目では動詞 was が省略されている。共通要素の省略のパターン。動詞の省略は対比が明確な場合にのみ起こる。

ex.　Electricity turns our nights into days, and central heating our winters into springs.

（奈良女子大）

「電気は夜を昼に変え，セントラルヒーティングは冬を春に変える」
←central heating の後に動詞 turns が省略されている。

ここでは one house と another (house)，a father と a mother という対比から was の省略を見抜きたい。

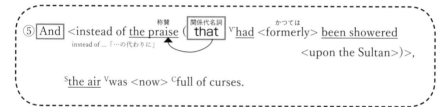

⑤ And <instead of the praise (that had <formerly> been showered
<upon the Sultan>)>,

the air was <now> full of curses.

🖉 **訳例**　そして，かつて王が浴びていた称賛の代わりに，今や雰囲気は呪いに満ち満ちていたのでした。

▶　that の識別　that は節内で名詞（この場合は主語）が欠けていることから，関係代名詞だと分かる。このように，that 節内で名詞が一つ欠けていたら，原則として that は ①関係代名詞 ②強調構文（名詞が強調されたもの）のいずれかになる。

▶　that の識別　ここまでで様々な that を扱った。一度まとめて確認してみよう。

87

CHECK　that のまとめ

一般的な名称	①文中での that 節の働き	②節内の構造	③特徴
名詞節を導く that	名詞節	完全文	文中で S / 他動詞の O / C いずれかになる。(前置詞の目的語にはならない)
例	^SHe ^Vsays ^O[[that] he fell in love with the woman].「彼はその女性に恋をしたと言っている」 　　①③that 節が名詞節として say の目的語になっている 　　②節内は he fell in love with the woman という完全文になっている		
関係代名詞の that	形容詞節 (直前の名詞を修飾)	名詞が 1 つ欠ける	直前に名詞 (＝先行詞) がある。
例	The woman ([that] he fell in love with) was my sister.「彼が恋をした女性は私の妹だった」 　　①③that he fell in love with が直前の名詞 the woman を修飾している 　　②節内では前置詞 with の目的語にあたる名詞が欠けている		
同格の that	名詞節 (ただし直前に名詞アリ)	完全文	・直前に同格の that をとれる名詞がある。 ・that 節がその名詞の内容説明になっている。
例	There is a rumor [that] he fell in love with the woman.「彼がその女性に恋をしたという噂がある」 　　①that 節が a rumor という名詞に続けて置かれている 　　②節内は he fell in love with the woman という完全文になっている 　　③rumor が同格の that をとれる名詞であり, 　　　　that 以下が rumor「噂」の内容説明になっている		
so[such] ... that の that	副詞節 (名詞節や形容詞節の働きをしていない)	完全文	前に so ＋形容詞 / such ＋名詞がある。
例	The flight attendant was so kind [that] he fell in love with the woman. 「客室乗務員がとても優しかったので, 彼はその女性に恋をした」 　　①that 節は副詞節になっている 　　②節内は he fell in love with the woman という完全文になっている 　　③直前に so kind がある		
強調構文の that	X (考えなくてよい)	名詞を強調→名詞が 1 つ欠ける 副詞を強調→完全文	it is ... があり, it の指すものがない。(指すものがある場合は関係代名詞 that の可能性も疑う)
例	It was [the woman] [that] he fell in love with.「彼が恋したのはその女性だった」 　　②the woman という名詞を強調→節内では with の目的語が欠けている 　　③it was がある It was <when he was fifteen> [that] he fell in love with the woman. 「彼がその女性に恋をしたのは, 15 歳のときだった」 　　②when he was fifteen と言う副詞 (節) を強調→節内は完全文になっている 　　③it was がある		

⟨be＋形容詞＋that節⟩の that	X（考えなくてよい）	完全文	直前に*⟨be＋形容詞＋that節⟩をとれる形容詞がある。
例	I am certain that he fell in love with the woman. 「私は彼がその女性に恋をしたと確信している」 　②節内は he fell in love with the woman という完全文になっている 　③直前に be certain がある		

*同格の that をとれる名詞：
- （1）動詞形が名詞節の that を目的語にとれるもの
  advice / agreement / belief / feeling / hope / knowledge / report / statement / thought など
- （2）「事実」や「可能性」を表すもの
  chance / evidence / fact / likelihood / possibility / probability / proof / result / sign / truth など
- （3）「情報」や「意見」を表すもの
  idea / impression / information / opinion / message / news / notion / rumor / story など

*⟨be＋形容詞＋that節⟩をとれる形容詞：
happy や surprised などの感情を表す形容詞 / sure / certain / confident / afraid / aware / conscious など

演習問題を通じて慣れていこう。

☞ 演習問題 [L]（p. 192）

ANSWERS

①そこで，彼は毎晩新たな妻をめとり，翌朝に首相の前でその女性を絞め殺させたのでした。王にそうした不幸な花嫁たちを用意するのが，首相の役目だったのです。②そのかわいそうな男はその仕事を行うのに気が進みませんでしたが，逃れることはできず，毎日，少女が結婚し，夫人となったその少女が死んでいったのでした。③こうした行動は街にこの上ない恐怖を引き起こし，街には泣き叫ぶ声と嘆き悲しむ声だけしか聞こえなくなりました。④ある家には父親がいて，娘を失ったことで泣いていました。また別の家には母親がいて，自分の子のゆく末について心配をしていました。⑤そして，かつて王が浴びていた称賛の代わりに，今や雰囲気は呪いに満ち満ちていたのでした。

問1 全訳①参照

問2 全訳④参照

問3 全訳⑤参照

▼Additional Questions

問4 a girl married と a wife dead。
問5 前置詞で「…以外；…を除いて」の意味。

VISUALIZATION

①②王は毎晩新たな女性と結婚し，翌朝，首相にその女性を殺すよう命じていた

③④⑤この行動が街に恐怖を引き起こし，街中に呪いが満ち溢れた

VOCABULARY

□ marry	…と結婚する（＝get married to …）	□ behaviour (behavior)	行動；振舞い
□ the following morning	その次の朝	□ lamentation	嘆き悲しむこと
		□ weep	しくしく泣く
□ duty	仕事；義務	□ fate	運命
□ bride	花嫁	□ instead of ...	…の代わりに
□ fulfill one's task	…の仕事を行う	□ praise	称賛
□ reluctance	気が進まないこと	□ formerly	かつては
		□ curse	呪い（の言葉）

2-3

英文を読んで，次の問いに答えなさい。（182 words／難易度：★☆☆）

①Long ago, the mice had a general council to consider what measures they could take to outwit their common enemy, the Cat. ②Some said this, and some said that; but at last a young mouse got up and said he had a proposal, which he thought would solve the problem. ③"You will all agree," said he, "that our chief danger consists in the sly manner in which the enemy approaches us. ④Now, if we can receive some signal of her approach, we can easily escape from her. ⑤I venture, therefore, to propose that a small bell be acquired, and attached to the Cat by a ribbon round her neck. ⑥By this means we will always know when she is about, and can easily retire while she is in the neighbourhood."

⑦This proposal was welcomed with general applause, until an old mouse got up and said: "That is all very well, but who is it that is going to bell the Cat?" ⑧The mice looked at each other and nobody spoke. ⑨Then the old mouse said:

"It is easy to propose impossible remedies."

［注］a general council 総会　outwit …を出し抜く　in a sly manner こっそりと

問 1　①を日本語に訳しなさい

問 2　②を日本語に訳しなさい。

問 3　⑤を日本語に訳しなさい。

▼Additional Questions

問 4　③の that の用法を答えなさい。

問 5　④の some はどのような意味か答えなさい。

問 6　⑥の retire とはどのような意味で使われているか答えなさい。

問 7　⑦の until は訳出方法が普通の until と異なる。どのように異なるか答えなさい。

問 8　⑨の下線部と対応する日本語のことわざは何か答えなさい。

2-3　連鎖関係代名詞 / 疑問詞の強調構文

BELLING THE CAT

> イソップ物語より『ネズミの相談』。bell は「…に鈴をつける」の意味なので，直訳は「ネコに鈴をつける」。寓話的な内容を楽しみつつ，連鎖関係代名詞や疑問詞の強調構文などのポイントに注意して読んでいきたい。

①<Long ago>, ˢthe mice ⱽhad ᵒa general council （総会）
　　　　　mouse「ネズミ」の複数形
　　　　　　　　　<to ⁽ⱽ⁾consider ⁽ᵒ⁾[what measures ˢthey ⱽcould take （手段）
　　　　　　　　　…するために (目的)
　　　　　　　　　　　　　　　　<to outwit their common enemy, the Cat>]>. （…を出し抜く）
　　　　　　　　　　　　　　…するために (目的)
　　　　　　　　　　　　　　　　　　　　　　　　　　　= (同格)

訳例　昔々，ネズミたちが，共通の敵である猫を出し抜くのに，どのような手段をとることができるか考えるため，総会を開きました。

▶　疑問詞の what や which は後ろに名詞を伴うことができる。what なら「どのような〈名詞〉が［を］…するか」，which なら「どの〈名詞〉が［を］…するか」という意味になる。

> **ex.**　I would like to know which course I should choose.
> 　　「どのコースを選択すべきなのか知りたい」
> 　　←which の後ろに course という名詞を伴い，「どのコースを私が選ぶべきか」となっている。

ここでは「どのような手段を彼らがとることができるか」ということ。

▶　their common enemy と the Cat は同格。

= CHECK 名詞の同格 =

ある名詞に対し，その名詞の言い換えや具体化となる名詞を〈名詞₁，名詞₂〉というように並べると，その 2 つの名詞を同格の関係にすることができる。

ex. Why is Japan, a small island country, the third largest economy in the world?.

「なぜ小さな島国である日本が世界第 3 位の経済国家なのか」

←Japan と a small island country が同格の関係になっている。

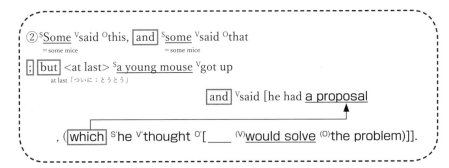

②ˢSome ⱽsaid ᴼthis, [and] ˢsome ⱽsaid ᴼthat
　　＝some mice 　　　　　＝some mice

[;] [but] ＜at last＞ ˢa young mouse ⱽgot up
　　　　at last「ついに；とうとう」

[and] ⱽsaid [he had **a proposal**

, (which) ˢʼhe ⱽthought ᴼʼ[＿＿ ⁽ⱽ⁾would solve ⁽ᴼ⁾the problem)]].

（ ✐訳例 ）こんなことを言うネズミもいれば，あんなことを言うネズミもいました。しかしついに，ある若いネズミが立ち上がって，その問題を解決すると思われる提案があると言いました。

▶ 日本語で「あれこれ」というように，this「これ」と that「あれ」も対応させて「様々なこと」という意味で使うことができる。

ex. Everybody needs money for this or that.

「みんな様々なことでお金が必要になる（＝お金が必要な理由は人によって異なる）」

ここではみんなが好き勝手な発言をしてなかなか意見がまとまらなかった様子を表している。

▶ 連鎖関係代名詞 　a proposal, which he thought would solve the problem の成り立ちは以下の通り。

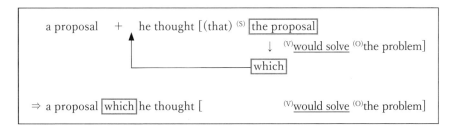

もともと that 節内の主語であった the proposal が関係代名詞 which になり，前に出て先行詞と he thought … の文をつなげ，結果として，that 節内の主語が欠けた形になっている（なお，that 節内の主語が関係詞になった場合，接続詞の that は必ず省略される）。このように that 節中から関係代名詞が出る形のことを連鎖関係詞と言う。入試でも頻出なので確認しておきたい。

☞演習問題 [M]（p. 195）

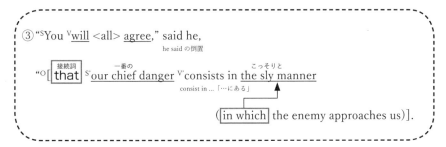

（ℓ 訳例）「私たちの一番の危険は，その敵（＝ネコ）が私たちのもとへこっそりと近づいてくる，その近づき方にあるということに皆さん全員が同意されるでしょう」と彼は言いました。

▶ said he（＝he said）の挿入（→ 1-4 ③）をとって考えると，Vagree O[that …]「…ということに賛成する」というつながりが見えてくる。**that は名詞節を導く that**。He said, "You will all agree that our chief danger … enemy approaches us." が本来の語順。

語彙 consist in …「（S の本質などが）…にある」は consist of …「（部分・要素）から成る」と間違いやすいので注意。

ex. The committee consists of nine members. 「その委員会は 9 人で構成されている」

▶ in which ... の関係詞節は，以下の形が元になっている。

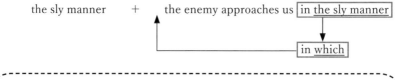

④ \<Now\>, \<|if| ^Swe ^V<u>can receive</u> ^O<u>some signal</u> (of her approach)\>,

^Swe ^V<u>can</u> \<easily\> <u>escape</u> \<from her\>.

（✒ 訳例）そこで，もしネコが近づいてくる何らかの合図を受け取ることができれば，私た
ちは簡単にネコから逃げられるということになります。

語彙 some signal を「いくつかの合図」と訳すのは誤り。some は後ろに可算
名詞の複数形（あるいは不可算名詞）を伴うと「いくつかの；いくらかの；何人か
の」という意味になるが，後ろに可算名詞の単数形を伴うと「（具体的には分から
ないが）ある；何らかの」という意味になる。

ex. I bought <u>some magazines</u> at the station. 「駅で<u>何冊かの雑誌</u>を買った」
I saw the restaurant featured in <u>some magazine</u>.
「<u>何かの雑誌</u>でそのレストランが取り上げられているのを見た」

これらは some が「後ろの語（句）をぼやかす」が中心義であると考えるとうま
く説明がつく。複数形が後ろに来る場合は「それがいくつあるのか」という「数」
の部分をぼやかすために「いくつかの」という訳になり，単数形が後ろに来る場
合は数が 1 つに決まっているので，その名詞自体をぼやかす（「雑誌」なら，どの
雑誌であるかをぼやかす）と考えることができる。

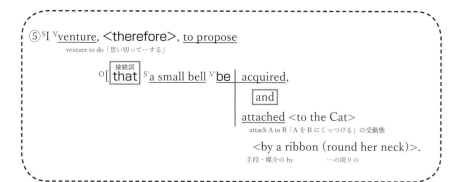

⑤ ^SI ^Vventure, <therefore>, to propose
venture to do「思い切って…する」

（訳例） それゆえ，小さな鈴を手に入れて，首にぐるりと巻かれたリボンを使ってネコに
その鈴をつけるということを，思い切って提案します。

▶ therefore は 1-6 ③ と同様に挿入の形。本来は文頭にあったもの。和訳する
際には最初に訳すこと。

語彙 venture は adventure「冒険」の頭音消失からできた単語で，「冒険；危険」
の意味合いを含む。動詞だと to 不定詞を伴って「思い切って…する」，あるいは場
所を表す前置詞句を伴って「思い切って…へ進む」の意味で使われることが多い。

ex. I ventured into the forest. 「私は思い切って森の中へと入っていった」

▶ that 節内の V' に be acquired and attached という動詞の原形が使われ
ているのは，propose「提案する」という動詞に続く that 節内にあるため。

= CHECK 〈提案・要求・命令など〉に続く that 節内の V =

〈提案・要求・命令・必要・当然〉などを表す動詞・形容詞・名詞に続く that 節内
の V' は〈動詞の原形〉または〈should＋動詞の原形〉にする。

ex. Our teacher suggested that we be given more homework.
「私たちの先生は，私たちにもっと多くの宿題を与えられるべきだと提案した」
（動詞に続く that 節の例：目的語になる名詞節を導く that）
It is necessary that we be given more homework.
「私たちにもっと多くの宿題を与えられることが必要だ」
（形容詞に続く that 節の例：真主語になる名詞節を導く that）

We reluctantly submit to <u>the demand that</u> we <u>be</u> given more homework.
「私たちにもっと多くの宿題が与えられるべきという要求を，私たちはしぶしぶ
聞き入れた」
（名詞に続く that 節の例：同格の that）

───────────────────────────────────────

⑥ <By this means> ᔆwe
手段・媒介の by   手段
ⱽ<u>will</u> <always> <u>know</u> ᴼ[when she is about],
いつ…するか   近くに

and

ⱽ<u>can</u> <easily> <u>retire</u> < while she is in the neighbourhood>.”
近く

（✍訳例） こうした手段を用いることで，私たちはいつネコが近くにいるか常に分かること
になり，ネコが近くにいる間は難なく隠れることができます。

語彙 ここでの retire は「退職する」だと意味が通らない。鈴がついていると
ネコが近くにいるときに何ができるのかを考えるとよい。ここでは「引き下がる；
隠れる」の意味。retire の re- には「後ろに；後ろへ」の意味がある。a reclining
chair「リクライニングチェア」などがイメージしやすい。

⑦ᔆ<u>This proposal</u> ⱽ<u>was</u> welcomed <with general applause>,
< until an old mouse got up and said:
A until B「A して，（最終的に）B する」
“That is all very well, but who is it that is going to bell the Cat?”>
疑問詞＋強調構文

（✍訳例） この提案は一同の拍手で迎えられましたが，そこで年寄りネズミが立ち上がって
言いました。「それは大変結構だが，いったい誰がネコに鈴をつけるというんだね？」

語彙　general は「(物事やグループなどの) 一部ではなく全体」ということなので，ここでは一部のネズミだけが拍手をしたのではなく，その場にいたネズミ全体が拍手をした，ということ。

▶　A until B は「B するまでずっと A する」というように訳すのが基本だが，B に話の焦点がある場合，「A して，(最終的に) B する」と訳し下すことも可能。**1-4**④と同じ発想。この用法では until の前にカンマをつけることが多い。

ex.　He kept walking on and on, until he arrived at the Tama River.
「彼は歩き続け，最終的に多摩川にたどり着いた」

▶　**疑問詞の強調構文**　but 以降は〈疑問詞＋強調構文〉になっている。以下のように変形していると考えるとよい。

CHECK　疑問詞の強調構文

(a)　　　　　　　　　　　The mouse is going to bell the cat.
「そのネズミがネコに鈴をつける」

(b)　　　It is the mouse that　　　　　　is going to bell the cat.
「ネコに鈴をつけるのはそのネズミだ」

(c)　Who is it　　　　　　that　　　　is going to bell the cat?
「いったい誰がネコに鈴をつけるのか」

(a) が元の文。ここから the mouse を前に出して強調した (b) の文が一般的な強調構文。ここから，「そのネズミ」が「誰」なのか分からないので who という疑問詞に置き換える。疑問詞なので文頭に置き，直後の it is を is it という疑問文の語順にすれば (c) (＝本文の形) が得られる。このように〈疑問詞＋is it＋that＋(S)V〉という形になるのが〈疑問詞＋強調構文〉の特徴。間接疑問で用いられる場合は，疑問詞の後が it is という平叙文の語順になることに注意。

ex.　I don't know what it is that is making the noise.
「音をたてているのがいったい何なのか分からない」

訳す際には疑問詞を強調するために「いったい」をつけるとよい (いったい誰が，いったい何を，いったいどこで，など)。

⑧ ^SThe mice ^Vlooked at each other | and | ^Snobody ^Vspoke.

📝 **訳例**　ネズミたちはお互いの顔を見ましたが，誰も口を開きませんでした。

語彙　each other「お互い」は名詞表現であり，副詞ではないことに注意。英作文で間違いが多い。

ex.「私たちは互いと話し合った」　（×）We talked each other.
（○）We talked <u>with</u> each other.

⑨ ＜Then＞ ^S<u>the old mouse</u> ^Vsaid:

"^{仮S}It ^Vis ^Ceasy ^{真S}[to ^(V)propose ^(O)<u>impossible remedies</u>（対策）]."

📝 **訳例**　そして年寄りネズミは言いました。「実行不可能な対策を提案するのは簡単なことだ」

▶　全体をまとめた教訓部分。最後のセリフはことわざの「言うは易く，行うは難し（＝口で言うことは簡単だが，それを実行することは難しい）」に対応する。

ANSWERS

①昔々，ネズミたちが，共通の敵である猫を出し抜くのに，どのような手段をとることができるか考えるために，総会を開きました。②こんなことを言うネズミもいれば，あんなことを言うネズミもいました。しかしついに，ある若いネズミが立ち上がって，その問題を解決すると思われる提案があると言いました。③「私たちの一番の危険は，その敵（＝ネコ）が私たちのもとへ近づいてくる，ずる賢い近づき方にあるということに皆さん全員が同意されるでしょう」と彼は言いました。④そこで，もしネコが近づいてくる何らかの合図を受け取ることができれば，私たちは簡単にネコから逃げられるということになります。⑤それゆえ，小さな鈴を手に入れて，首にぐるりと巻かれたリボンを使ってネコにその鈴をつけるということを，思い切って提案します。⑥こうした手段を用いることで，私たちはいつネコが近くにいるか常に分かることになり，ネコが近くにいる間は難なく隠れることができます。⑦この提案は一同の拍手で迎えられましたが，そこで年寄りネズミが立ち上がって言いました。「それは大変結構だが，いったい誰がネコに鈴をつけるというんだね？」⑧ネズミたちはお互いの顔を見ましたが，誰も口を開きませんでした。

⑨そして年寄りネズミは言いました。「実行不可能な対策を提案するのは簡単なことだ」

問 1　全訳①参照

問 2　全訳②参照

問 3　全訳⑤参照

▼Additional Questions

問 4　名詞節を導く that。agree の目的語になっている。

問 5　「(具体的には分からないが) ある；何らかの」

問 6　「引き下がる；隠れる」

問 7　「A して，(最終的に) B する」と訳し下す。

問 8　「言うは易く，行うは難し」など

VISUALIZATION

①ネズミたちが集まってネコ対策の会議をしていた

↓

②〜⑥一匹のネズミがネコの首に鈴をつけることを提案した

↓

⑦⑧それを実行するのは誰なのか尋ねられて，みな答えに窮した

↓

⑨「言うは易く，行うは難し」という教訓

VOCABULARY

□ mice	mouse の複数形	□ signal	合図
□ council	会議	□ venture to do	思い切って…する
□ take measures	対策をとる	□ means	手段；方法
□ common	共通の	□ retire	引き下がる；退職する
□ enemy	敵	□ in the neighbourhood[neighborhood]	
□ at last	ついに；とうとう		近くに
□ proposal	提案 (cf. propose …を	□ applause	拍手
	提案する)	□ remedy	対策；治療法
□ chief	一番の		

2-4

英文を読んで，次の問いに答えなさい。(216 words / 難易度：★★★)

①It is a common saying that thought is free. ②A man can never be hindered from thinking whatever he chooses so long as he conceals what he thinks. ③The working of his mind is limited only by the bounds of his experience and the power of his imagination. ④But this natural liberty of private thinking is of little value. ⑤If he is not permitted to communicate his thoughts to others, it is unsatisfactory and even painful to the thinker himself, and the thoughts themselves are obviously of no value to his neighbours. ⑥Moreover, it is extremely difficult to hide thoughts that have much power over the mind. ⑦If a man's thinking leads him to call in question ideas and customs which regulate the behaviour of those about him, to reject beliefs which they hold, or to see better ways of life than those they follow, it is almost impossible for him, if he is convinced of the truth of his own reasoning, not to reveal by silence, chance words, or general attitude that he is different from them and does not share their opinions. ⑧Some would prefer today—just as some like Socrates preferred in the past—to face death rather than conceal their thoughts. ⑨Thus freedom of thought, in any valuable sense, includes freedom of speech.

問 1 ②を日本語に訳しなさい。

問 2 ⑦を日本語に訳しなさい。

▼Additional Questions

問 3 ④を日本語に訳しなさい。その際，private thinking という表現を本文に即して分かりやすく訳すこと。

2-4 複合関係詞 / that の識別（名詞節の that）

A HISTORY OF FREEDOM OF THOUGHT

アイルランド人の歴史学者であるジョン・バグネル・ベリー (J. B. Bury) による著書『思想の自由の歴史』より。難しく思えるかもしれないが、表されている内容は現在の私たちにとって理解しやすいもののはずだ。見た目上の難しさに惑わされず、正確に構造をつかんで内容を把握する訓練をしておきたい。

①仮SIt Vis Ca common saying 真S[接続詞 that thought is free].

▷ **訳例**　思考は自由であるというのはよくある言い習わしだ。

▶ **that の識別**　この that は名詞節を導く接続詞の that で，that 節が真主語を形成している。

②SA man Vcan <never> be hindered from (V)thinking (O)[whatever he chooses]
　　　hinder O from -ing「O が…するのを妨げる」の受動態
　　　　　　<so long as Sʼhe Vʼconceals Oʼ[what he thinks]>.
　　　　　so[as] long as ...「…する限りにおいては」

▷ **訳例**　人間は自分が考えていることを隠している限り、自分が選択するどんなことでも、考えるのを妨げられることは決してない。

▶ **複合関係詞**　whoever / whichever / whatever は複合関係代名詞。

= CHECK ■ **複合関係代名詞** =

後ろに (S) V を伴って**全体で名詞節あるいは副詞節を形成**する。節内では名詞要素が 1 つ欠けることに注意。下記の例ではともに happens に対する S が欠けている。

ex. You have to deal with [whatever happens].
「起こる事態には何でも対処しなければならない」
←名詞節を形成している例。
<Whatever happens>, I will do it.「何が起こっても，それをやります」
←副詞節を形成している例。

　whatever が名詞節を形成する場合は「…するのは何でも」，副詞節を形成する場合は「何が [を] …しても」（譲歩）という意味になる (→ 1-7 ⑤ は副詞節の例)。形によって意味が変わることに注意。whoever / whichever も同じで，訳は以下の通り。

	名詞節	副詞節
whoever	～する人は [を] 誰でも	誰が [を] ～しても
whichever	～するのは [を] どれでも	どれが [を] ～しても
whatever	～するのは [を] 何でも	何が [を] ～しても

　本問では whatever he chooses が think の目的語になっているので名詞節の用法となり，「人間（＝he）が選ぶものは何でも」という意味になっている。
　一方，whenever / wherever / however は複合関係副詞と呼ばれる。

= CHECK ■ **複合関係副詞** =

後ろに SV を伴って**全体で必ず副詞節を形成**する。節内は完全文（＝名詞が欠けていない文）となる。

ex. <Wherever you go>, I will follow you.
「あなたがどこに行こうとも，私はあなたについて行きます」

　形（名詞節か副詞節か）によって意味が決まる複合関係代名詞と異なり，**複合関係副詞は文脈によって意味が決まる**。ただしどちらで解釈してもよい場合も多い。

	副詞節
whenever	〜するときはいつでも / いつ〜しても（譲歩）
wherever	〜するのはどこでも / どこで〜しても（譲歩）
however	どのように〜しても（譲歩）

※however は直後に形容詞 / 副詞を伴い，「どれほど形容詞 / 副詞でも」という意味で用いることが多い。

ex.　\<However tired you are\>, you must do it.
「あなたがどれほど疲れていようとも，それをやらなければいけませんよ」

☞演習問題 [O] (p. 199)

▶　so long as（＝as long as）は「…する限りにおいては」という〈条件〉を表す接続詞。only if に近い意味合い。

語彙　この文章中の he は a man「人間」を受けた表現なので，特定の一人を示す「彼」という日本語を用いるのは不適切。「人間」「人」「自分」などの訳語を用いるとよい。なお，a man で「人間」を表すのは古い形なので，英作文では用いないこと。代わりに human beings「（一般的に）人間」や humans「（動物や AI などと対比的に）人間；ヒト」などを用いる。

③ ᔆThe working (of his mind) ⱽis limited
　　　　　　\<only\> \<by | the bounds of his experience
　　　　　　　　　　　　　and
　　　　　　　　　　　　　the power of his imagination\>.

訳例　人間の頭の働きが制限されるのは，自身の経験の限界と想像力によってのみである。（←直訳：人間の頭の働きは自身の経験の限界と想像力によってのみ，制限される）

▶ 「想像力によって制限される」とは，自身の想像力の及ぶ範囲内でしか思考で
きないということを意味する。

④ But ^S<u>this natural liberty</u> (of private thinking) ^Vis ^C<u>of little value</u>.

（ ✐ 訳例 ）　しかし，こうした自分の頭の中だけで考えるという生まれ持った自由には，ほと
んど価値がない。

▶ private thinking とは，次の⑤で communicate his thoughts to others「他者に
自分の考えを伝える」といった内容と対比されていることから，「自分の頭の中だ
けで考えること」「私的思考」という意味であると分かる（次の⑤の訳・解説も参
照）。

▶ of little value は〈of＋抽象名詞〉で形容詞の意味合いになる形。

═══ CHECK　**of＋抽象名詞** ════════════════════

of が「…という性質を持った」という意味の〈性質の of〉であることから，**性質
や状態を表す品詞である形容詞と同等の表現**となる。

ex. of importance ≒ important「重要な」（形容詞）

例えば以下のようなものがある。暗記するのではなく，慣れておけば十分。

of＋抽象名詞	対応する形容詞	意味
of interest	interesting	面白い
of use	useful	役立つ
of help	helpful	役立つ
of value	valuable	価値がある
of benefit	beneficial	ためになる
of significance	significant	意義深い

〈of＋抽象名詞〉の特徴としては，**①be 動詞の補語になるか直前の名詞を修飾する ②抽象名詞に対して形容詞表現がつくことがある** などがある。今回の is of little value という形も，be 動詞の補語となり，かつ little「ほとんどない」という形容詞表現がついている。全体では「…はほとんど価値がない」という意味になる。

---

⑤<If he is not permitted to communicate (…を伝える) his thoughts <to others>>,
（permit O to do「O に…するのを許可する」の受動態）

it (＝if 節の内容) is unsatisfactory (満足のいかない)
and
<even> painful (苦痛な) <to the thinker himself>, （the thinker ＝ himself：同格）

and

S[the thoughts themselves] V are <obviously> (明らかに) C of no value <to his neighbours>.
（the thoughts ＝ themselves：同格）

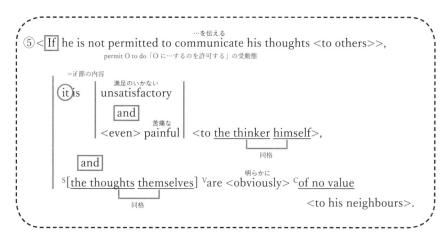

訳例 もし自身の考えを他者に伝達することが許されていないのなら，考えた人自身にとって満足がいかず，苦痛ですらある。そしてその考え自体は周囲の人にとっても明らかに無価値である。

▶ it は「もし自身の考えを他者に伝達することが許されていないのなら」という if 節の内容を指している。

語彙 communicate の訳語には注意が必要。「意思疎通する；コミュニケーションする；連絡をとる」の意味のときは自動詞で使われる。一方，今回のように他動詞で使われると「〈考え・感情など〉を伝える」の意味になる。

ex. We communicated with each other by SNS.「私たちは SNS で連絡をとり合った」
←communicate は自動詞；よく with を伴う。
She communicated her anger to Tim.「彼女はティムに彼女の怒りを伝えた」
←communicate は他動詞。

▶　himself, themselves のような oneself という形は，以下の 2 つの用法がある。

═══ CHECK　**oneself** ═══════════════════════════════════

① 再帰用法（→名詞として用いる）

　同一文中の（意味上の）主語と同じものが動詞（句）の目的語に現れるとき，oneself の形になる。

ex.　She looked at <u>herself</u> in the mirror.
　　「彼女は鏡に写る自分自身（＝自分の姿）を見た」
　　He told **her** to take care of <u>herself</u>.
　　「彼は彼女に体を大切にするように言った」

② 強意用法（→強調する名詞に対して同格的に用いる）

　「他のもの・人でなくそれ自体が」ということを強調する。置かれる位置は強調する語の直後またはカタマリ（節など）の最後が多い。

ex.　He <u>himself</u> went there. / **He** went there <u>himself</u>.
　　「（他ならぬ）彼自身がそこへ行った」

═══

今回はどちらも②の用法で，それぞれ直前の the thinker / the thoughts を強調している。

▶　of no value は④の of little value と同じ形で，「全く価値が無い」の意。

⑥ <Moreover>, ^{仮S}it ^Vis ^C<u><extremely></u> difficult

　　　^{真S}[to hide <u>thoughts</u> (｜関係代名詞 that｜ have much power <over the mind>)].

訳例　さらに言えば，知能に対して多大な影響力を持つ思考を隠すことは，きわめて難しい。

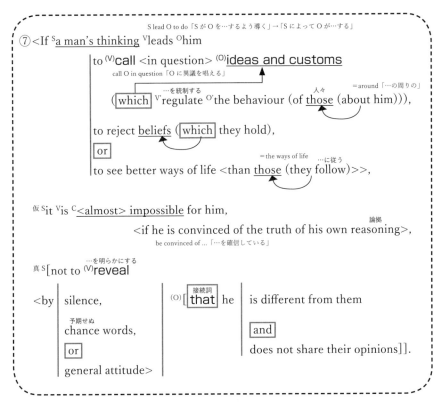

S lead O to do「S が O を…するよう導く」→「S によって O が…する」

⑦ <If ˢa man's thinking ⱽleads ᴼhim

to ⁽ⱽ⁾**call** <in question> ⁽ᴼ⁾ideas and customs

call O in question「O に異議を唱える」

…を統制する

(|which| ⱽ'regulate ᴼ'the behaviour (of those (about him))),

人々　　　=around「…の周りの」

to reject beliefs (|which| they hold),

|or|

=the ways of life　　…に従う

to see better ways of life <than those (they follow)>>,

仮 ˢit ⱽis ᶜ<almost> impossible for him,

論拠

<if he is convinced of the truth of his own reasoning>,

be convinced of ...「…を確信している」

…を明らかにする

真 ˢ[not to ⁽ⱽ⁾**reveal**

接続詞

<by | silence,　　　　　⁽ᴼ⁾[|that| he | is different from them

予期せぬ

chance words,　　　　　　　　　|and|

|or|

general attitude>　　　　　does not share their opinions]].

訳例 ある人が自らの思考をきっかけに，周囲の人々の行動を統制している考えや慣習に異議を唱えたり，彼らの抱く信念を拒絶したり，彼らが従う生活様式よりも良い生活様式を発見するようになった場合，もし自分自身の論拠の正しさに確信を持っているならば，沈黙，つい言ってしまった言葉，あるいは全般的な態度によって，自分が彼らとは異なっており，彼らと意見を共にすることはないということを明らかにしないことは，ほとんど不可能である（＝…ということがほぼ確実に明らかになってしまうものだ）。

▶ call in question ideas and customs は call O in question「O に異議を唱える」の O に関係詞節がつき，長くなったため後ろに回った VO 分離（→ **1-4**④）のパターン。in question という〈前置詞＋名詞〉をカッコにくくると他動詞 call に対する目的語が見えてくる。

▶　those about him の those は「人々」の意味だが，than those they follow の those は〈the＋複数名詞〉を受ける代名詞表現。ここでは the ways of life のこと。than を境に何と何が比較されているのかを考えるとよい。「彼らが従う生活様式」よりも「より良い生活様式」ということ。

ex. His eyes are like those of cats.「彼の目は猫（の目）のようだ」
　　　←those は the eyes を受ける代名詞。

▶　reveal by ... that he is ... の部分も VO 分離。reveal が他動詞であるという知識から，目的語を探すようにして読む。直後の by ... は〈前置詞＋名詞〉なので目的語にならない。その部分をカッコにくくると，that 節が目的語（that は名詞節を導く接続詞）だと分かる。以下の図解参照。なお，この that を直前の attitude に対する同格の that だとしてしまうと，reveal の目的語が無くなってしまうのでおかしい。

他Vreveal O[[that] he is different ... their opinions] <by silence... general attitude>
　↓
他Vreveal <by silence... general attitude> O[[that] he is different ... their opinions]

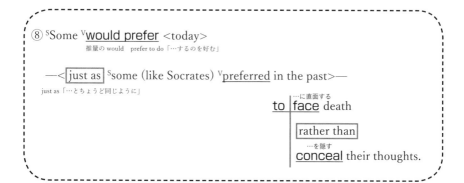

⑧ SSome Vwould prefer <today>
　　推量の would　prefer to do「…するのを好む」

—<[just as] Ssome (like Socrates) Vpreferred in the past>—
just as「…とちょうど同じように」

　　　　　　　　　　　　　　　　　　　…に直面する
　　　　　　　　　　　　　　　to | face death
　　　　　　　　　　　　　　　[rather than]
　　　　　　　　　　　　　　　…を隠す
　　　　　　　　　　　　　　　conceal their thoughts.

訳例　今日の一部の人は，ソクラテスのような一部の人が過去にそうであったように，自身の考えを隠すくらいなら死に臨む方を好むだろう。

▶　some は some people の意。

▶ **prefer to do のつながりが見えたかどうかが勝負**。prefer は主に prefer A to B「B よりも A を好む」（この to は前置詞）か prefer to do 〜 rather than (to) do ...「…することよりも〜することを好む」（この to は to 不定詞）の語法をとるので，そのどちらのが出てくるのではないかと予測しながら読んでいくとよい。

⑨ <Thus> ^{このようにして} ^S[freedom of thought], <in any ^{価値ある} valuable sense>,

^Vincludes ^O[freedom of speech].

（✐ **訳例**） このようにして，いかなる価値ある意味においても，思考の自由は言論の自由を含むのである。

▶ 全体のまとめにあたる部分。

ANSWERS

　①思考は自由であるというのはよくある言い習わしだ。②人間は自分が考えていることを隠している限り，自分が選択するどんなことでも，考えるのを妨げられることは決してない。③人間の頭の働きが制限されるのは，自身の経験の限界と想像力によってのみである。④しかし，こうした自分の頭の中だけで考えるという生まれ持った自由には，ほとんど価値がない。⑤もし自身の考えを他者に伝達することが許されないのなら，考えた人自身にとって満足がいかず，苦痛ですらある。そしてその考え自体は周囲の人にとっても明らかに無価値である。⑥さらに言えば，知能に対して多大な影響力を持つ思考を隠すことは，きわめて難しい。⑦ある人が自らの思考をきっかけに，周囲の人々の行動を統制している考えや慣習に異議を唱えたり，彼らの抱く信念を拒絶したり，彼らが従う生活様式よりも良い生活様式を発見するようになった場合，もし自分自身の考え方の正しさに確信を持っているならば，沈黙，つい言ってしまった言葉，あるいは全般的な態度によって，自分が彼らとは異なっており，彼らと意見を共にすることはないということを明らかにしないことは，ほとんど不可能である。⑧今日の一部の人は，ソクラテスのような一部の人が過去にそうであったように，自身の考えを隠すくらいなら死に臨む方を好むだろう。⑨このように，いかなる価値ある意味においても，思考の自由は言論の自由を含むのである。

問 1　全訳②参照

問 2　全訳⑦参照

▼Additional Questions

問 3　全訳④参照

VISUALIZATION

①思考は自由であると言われる

↓ ［詳述］

②③表明しなければ，いかなる思考も妨げられることはない

⇅ しかし

④頭の中だけで自由であっても意味が無い

↓ ［詳述］

⑤考えを他者に伝達しなければ無価値だ

＋

⑥思考を隠すことは困難

↓ ［詳述］

⑦⑧自身の考えの正しさに自信がある場合，周囲と異なる考えを表明しないのは難しい

↓ このように

⑨思考の自由は言論の自由を含む

VOCABULARY

□ saying	言い習わし；格言	□ regulate	…を統制する
□ hinder O from -ing		□ reject	…を拒絶する
	O が…するのを妨げる	□ follow	…に従う；…の後を追う
□ so[as] long as …	…する限りにおいては	□ convince A of B	A に B のことを確信さ
□ conceal	…を隠す		せる
□ bound	限界；境界	□ reasoning	論拠；論理的思考
□ liberty	自由	□ reveal	…を明らかにする
□ be of little value	ほとんど価値が無い	□ silence	沈黙
□ permit O to do	O に…するのを許可する	□ attitude	態度；考え方
□ communicate one's thoughts to others		□ prefer to do	…するのを好む
	考えを他者に伝える	□ just as …	…とちょうど同じように；
□ unsatisfactory	満足のいかない		…とちょうど同じときに
□ obviously	明らかに	□ face（動詞）	…に直面する
□ extremely	きわめて	□ thus	このようにして；それ
□ S lead O to do	S によって O が…する		ゆえに
	（←S が O を…するよう	□ valuable	価値ある
	導く）	□ sense	意味；感覚；分別
□ call O in question	O に異議を唱える	□ include	…を含む
□ custom	慣習	□ freedom	自由

2-5

英文を読んで，次の問いに答えなさい。（278 words / 難易度：★★★）

①It is a truth universally acknowledged, that a single man in possession of a good fortune, must be in want of a wife.

②However little known the feelings or views of such a man may be on his first entering a neighbourhood, this truth is so well fixed in the minds of the surrounding families, that he is considered as the rightful property of some one or other of their daughters.

③"My dear Mr. Bennet," said his lady to him one day, "have you heard that Netherfield Park is let at last?"

Mr. Bennet replied that he had not.

"But it is," returned she; "for Mrs. Long has just been here, and she told me all about it."

Mr. Bennet made no answer.

④"Do you not want to know who has taken it?" cried his wife impatiently.

"*You* want to tell me, and I have no objection to hearing it."

This was invitation enough.

⑤"Why, my dear, you must know, <u>Mrs. Long says that Netherfield is taken by a young man of large fortune from the north of England; that he came down on Monday in *a chaise and four to see the place, and was so much delighted with it, that he agreed with Mr. Morris immediately; that he is to take possession before *Michaelmas, and some of his servants are to be in the house by the end of next week</u>."

"What is his name?"

"Bingley."

"Is he married or single?"

"Oh! Single, my dear, to be sure! A single man of large fortune; four or five thousand a year. What a fine thing for our girls!"

［注］a chaise and four 四頭立ての馬車　Michaelmas ミカエル祭 (9 月 29 日)

> **問 1**　①を日本語に訳しなさい。

問2 ②を日本語に訳しなさい。

問3 ⑤の下線部を訳しなさい。

▼Additional Questions

問4 ③の Mr. Bennet replied that he had not の後に省略されている語句を補いなさい。

問5 ③の But it is の後に省略されている語句を補いなさい。

問6 ④の最終文の invitation とは何を示しているか，答えなさい。

2-5 that の識別（名詞節を導く that / so ... that の that）/ 複合関係詞 / 共通要素の省略

PRIDE AND PREJUDICE

ジェーン・オースティン (Jane Austen) 著『高慢と偏見』の冒頭部。有名な作品なので，このタイトルを耳にしたことのある人は多いだろう。良い結婚相手を見つけることが女性の幸せであるとされた 18 世紀のイギリスにおいて，一人の独身女性が結婚に到るまでを描いた物語。「高慢」や「偏見」に振り回される人間模様を克明に描き出し，傑作との呼び声も高い。特にインパクトのある書き出し部分は有名。なお，2017 年，オースティン没後 200 年を機に，チャールズ・ダーウィンに代わってオースティンがイギリスの新 10 ポンド紙幣の顔となった。

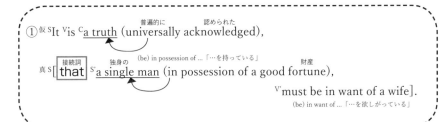

①仮SIt Vis Ca truth (universally acknowledged),
　　　　　　　　　　普通的に　　認められた

真S[接続詞 that S'a single man (in possession of a good fortune),
　　　　　独身の　　(be) in possession of ...「…を持っている」　　財産

　　　　　　　　　　　　V'must be in want of a wife].
　　　　　　　　　　(be) in want of ...「…を欲しがっている」

(∂訳例) 大きな財産を持つ独身の男性は妻を欲しがっているに違いないというのは，万人が認める真実である。

▶ that の識別 it は仮主語で，that は真主語となる名詞節を導く。強調構文に見えるかもしれないが，そうすると名詞である a truth が強調されているのに that 以下に名詞の欠落がない（＝a truth を戻せない）点が合わない（→2-2⑤）。

語彙 a good fortune は a good A「かなりの A（数量・程度など）」の形（→1-7③）。

▶ この部分は原文の冒頭部。読者を引きつける，非常に印象的な始まりとなっている。

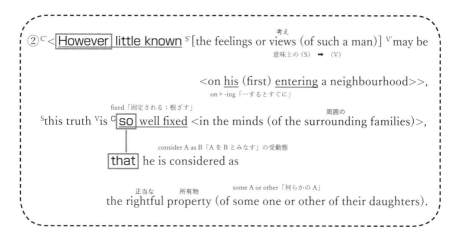

②ᶜ'<|However| little known ˢ'[the feelings or views (of such a man)] ⱽ'may be
　　　　　　　　　　　　　　　　　　　意味上の (S) ➡ (V)

　　　　　　　　　　　　<on his (first) entering a neighbourhood>>,
　　　　　　　　　　　　　　on＋-ing「…するとすぐに」

fixed「固定される；根ざす」　　　　　　　　　　　　　　　　　周囲の
ˢthis truth ⱽis ᶜ|so| well fixed <in the minds (of the surrounding families)>,

　　　　　　　　　　consider A as B「A を B とみなす」の受動態
|that| he is considered as

正当な　　　所有物　　　some A or other「何らかの A」
the rightful property (of some one or other of their daughters).

▶ (✐訳例) 初めて近所に引っ越してきたばかりで，そのような男性の気持ちや考えがどれほ
ど知られていないとしても，この真実は周囲の家の人たちの心にとても深く根ざしているの
で，彼はその人たちの娘のうち誰かのものに当然なる（←直訳：正当な所有物になる）であろう
と考えられている。

▶ **複合関係詞** 文頭の however は「しかしながら」という意味ではない。「し
かしながら」の意味では however は副詞になるので，後ろに the feelings or view
...(S) may be(V) / this truth(S) is(V) と SV が 2 つ続いていることの説明がつかな
い。SV を 2 つつなげる際には必ず接続表現（接続詞や関係詞）が必要である。こ
こでは however が副詞ではなく複合関係詞として neighbourhood までを副詞
節でまとめている。
　however＋形容詞 / 副詞＋SV で「SV がどれほど形容詞 / 副詞でも」という
譲歩の副詞節を形成する（→**2-4**②）。however が副詞 little「ほとんど…ない」に
かかり，副詞 little が形容詞 known「知られている」にかかっているという構造。
全体では「SV がどれほど知られていなかったとしても」という意味になる。the
feelings or views of such a man may be little known の little known（well known「よ
く知られた」の反意語）に however がついて文頭に出たもの。

▶ 複合関係詞 however の節中の may は譲歩の節中に登場する may で，訳す必
要はない（→演習問題 [O]）。

▶ **that の識別** so well fixed ... that で so ... that 構文を形成している。

119

語彙 property は多義語で①所有物；財産　②土地；不動産　③性質という意味があるが，proper がもともと「固有の」という意味がある（a proper noun は「固有名詞」）ことを意識すると，「その人・物に固有に備わったもの」という中心義から①〜③の意味が導き出せる。

③ "My dear Mr. Bennet," ᵛsaid ˢhis lady \<to him\> \<one day\>,

接続詞
"have you heard [that Netherfield Park is let \<at last\>]?"

let O「（家・部屋など）を貸す」の受動態
at last「ついに；とうとう」

接続詞
Mr. Bennet replied [that he had not].

↑ heard that Netherfield Park was let at last の省略

等位接続詞の for「というのも…だからだ」
"But it is," ᵛreturned ˢshe; " for Mrs. Long has just been here,

and she told me all about it."

＝Netherfield Park is let at last　のこと
「そのこと」
＝Netherfield Park is let at last

Mr. Bennet made no answer.

訳例　「ねぇ，あなた」ある日，ベネット夫人が夫に言った。

「ついにネザーフィールド・パークに借り手がついたって聞きました？」

ミスター・ベネットは聞いたことが無いと答えた。

「でもそうなんですよ」と彼女は返した。「というのも，ロングさんの奥様がちょうどここにいらして，それについて全て教えてくださったんです」

ミスター・ベネットは何も答えなかった。

▶ **共通要素の省略**　上記の通り，Mr. Bennet replied that he had not の後には heard that Netherfield Park was let at last（is ではなく was なのは間接話法のため）が省略されている。**had not の後ろが無いことから動詞表現（の過去分詞形）が省略されていると考え，直前の動詞表現から順に当てはめていき，意味が通るものを探すのが定石**。ここでは he という主語と，その前の Mrs.Bennet のセリフ内の主語である you が同じ人物（＝Mr. Bennet）を指しており，主語が共通であることもヒントになる。

▶　共通要素の省略　その後の it is も同様に考える。こちらは be 動詞が使われているので探しやすい。**直前で be 動詞を伴う表現を探すと，Netherfield Park is let at last が見えてくる。**it も Netherfield Park を指していると考えれば，表現がぴったり一致する。内容を考えても，省略をせずにつなげると

Mrs.Bennet:「ついにネザーフィールド・パークに借り手がついたって聞きました？」

Mr. Bennet: ついにネザーフィールド・パークに借り手がついたとは聞いたことが無いと答えた。

Mrs. Bennet:「でも，ついにネザーフィールド・パークに借り手がついたんですよ」

となり，意味が通る。

▶　小説物語文では，登場人物とその関係性，および状況をしっかり押さえながら読んでいく必要がある。ここではベネット夫人が，ロング夫人に聞いたことを夫のミスター・ベネットに伝えているという場面になっていることを押さえよう。

④ "Do ˢyou not ⱽ<u>want to know</u> ᴼ[who has taken it]?"
=Don't you want to know ...? 「…を知りたくないんですか？」
= Netherfield Park
ⱽcried ˢ<u>his wife</u> <impatiently>.
我慢しきれず；じれて

"*You* want to tell me, and I have no objection (to hearing it)."
反対
=Mrs. Benette が話したい内容
（誰がネザーフィールド・パークを借りたのか）

This was invitation enough.

📝訳例　「誰がそれを借りたか，知りたくありませんか？」我慢しきれず，夫人は大きな声を出した。

「君の方が話したいんだろう。聞く分には異存はないよ」

この発言が十分な呼び水（＝ある物事を引き起こすきっかけ）だった。

▶　impatiently は文字通りには「いらいらして」だが，ここでは Mrs.Bennet がネザーフィールド・パークの借り手について話したくて仕方ないのに，それに見合った反応が Mr. Bennet から得られず，もどかしく我慢しきれていない様子を表している。

▶ *You* が斜体（イタリック体）になっているのは強調しているため。「僕が聞きたいかどうかじゃなくて，君が話したいんだろう」というニュアンス。

▶ This was invitation enough の invitation は invite「…を招待する；誘う」の名詞形なので，「何かを誘うもの」くらいの意味ではないかと考える。ここでは直前の「君の方が話したいんだろう。聞く分には異存はないよ」という Mr.Bennet のセリフが this で受けられており，それが invitation だと述べられていることから，「Mrs. Bennet が言いたいこと（＝ネザーフィールド・パークの借り手が誰か）を言うことを誘い出すもの」という意味で用いられていると分かる。

⑤ "Why, my dear, you must know,
注意を引きつける間投詞「ねぇ」
あなたは知らなければいけない→ぜひ知っていてください

Mrs. Long says [that 接続詞 Netherfield is taken
<by a young man (of large fortune) (from the north of England)>]
財産

: [that 接続詞 he came down <on Monday> <in a chaise and four> <to see the place>,
四頭立ての馬車 ＝ネザーフィールド・パーク

and was so much delighted with it,
満足した ＝ the place

so ... that ～「とても…なので～」

that he agreed with Mr. Morris <immediately>

: [that 接続詞 he is to take possession <before Michaelmas>,
＝予定 所有 ミカエル祭

and some of his servants are to be <in the house> <by the end of next week>."
召使い ＝予定

"What is his name?"

"Bingley."

"Is he married or single?"
結婚している 独身

"Oh! Single, my dear, to be sure! A single man (of large fortune)
確かに

: four or five thousand a year.

What a fine thing <for our girls>!"
素敵な
What＋a＋形容詞＋名詞（＋SV）「（SV は）なんて形容詞＋名詞なんだろう」(感嘆文)

（🖉**訳例**）「ねぇ，あなた，ぜひ聞いてください。ロングさんの奥様の話によれば，ネザーフィールドを借りたのは北イングランドから来た若い男性で，大金持ちなんですって。月曜日に四頭立ての馬車で現地を見にやってきて，あまりに気に入ったから即座にモリスさんとの話を決めたって。ミカエル祭までには移ってくるおつもりで，召使いの何人かは来週の終わりまでに家にいる予定だそうですよ」

「名前は？」

「ビングリー」

「結婚しているのかな。それとも独身かな」

「あら，独身ですよ！　あなた，間違いなく！　大金持ちの独身男性ですよ。年に4,5千ポンドの収入があるんですって。私たちの娘たちにとって，なんて素敵なことなんでしょう！」

▶　 that の識別 　ˢMrs. Long ⱽsays ᴼ[that ...] の that 節がセミコロン（;）によって 3 つ並列されている。

▶　 that の識別 　... and was so much delighted with it, that he agreed with Mr. Morris の that は so ... that 構文の that。**直前に so があることが大きなヒント**。内容面では，「とても気に入ったので，モリスさんと合意に達した（＝ネザーフィールドを借りることに決めた）」という因果関係にすれば意味が通ることもヒントになる。

▶　he is to take possession や some of his servants are to be in the house は be to 構文（→ 1-5 ⑥）になっている。ここでは〈予定〉を表している。

▶　four or five thousand a year の a year は「1 年につき」の意。イギリスの話であることを考えると単位はポンドであり，1 年に 4,5 千ポンドの収入があったことを表す。当時の貨幣価値で考えるとかなりの金持ちということになる。

▶　what a fine thing は感嘆文。〈What＋a/an＋形容詞＋名詞＋SV!〉の形で感嘆文になる。この SV は省略されることがあり，ここも what a fine thing it is の it is が省略されている。

ex. What a cute dog (he is)!「なんてかわいい犬なんでしょう！」

▶　本書での掲載はここまでだが，原文はプロジェクト・グーテンベルク（著作権切れの本が無料で読めるサイト：https://www.gutenberg.org/）にて無料で読めるので，興味を持った人はその先を読み進めてみよう。また，さまざまな日本語訳も各社から出版されている。

ANSWERS

①大きな財産を持つ独身の男性は妻を欲しがっているに違いないというのは，万人が認める真実である。②初めて近所に引っ越してきたばかりで，そのような男性の気持ちや考えがどれほど知られていないとしても，この真実は周囲の家の人たちの心にとても深く根ざしているので，彼はその人たちの娘のうち誰かのものに当然なるであろうと考えられている。

③「ねぇ，あなた」ある日，ベネット夫人が夫に言った。

「ついにネザーフィールド・パークに借り手がついたって聞きました？」

ミスター・ベネットは聞いたことが無いと答えた。

「でもそうなんですよ」と彼女は返した。「というのも，ロングさんの奥様がちょうどここにいらして，それについて全て教えてくださったんです」

ミスター・ベネットは何も答えなかった。

④「誰がそれを借りたか，知りたくありませんか？」我慢しきれず，夫人は大きな声を出した。

「君の方が話したいんだろう。聞く分には異存はないよ」

この発言が十分な呼び水だった。

⑤「ねぇ，あなた，ぜひ聞いてください。ロングさんの奥様の話によれば，ネザーフィールドを借りたのは北イングランドから来た若い男性で，大金持ちなんですって。月曜日に四頭立ての馬車で現地を見にやってきて，あまりに気に入ったから即座にモリスさんとの話を決めたって。ミカエル祭までには移ってくるおつもりで，召使いの何人かは来週の終わりまでに家にいる予定だそうですよ」

「名前は？」

「ビングリー」

「結婚しているのかな。それとも独身かな」

「あら，独身ですよ！ あなた，間違いなく！ 大金持ちの独身男性ですよ。年に4,5千ポンドの収入があるんですって。私たちの娘たちにとって，なんて素敵なことなんでしょう！」

問 1 　全訳①参照

第 2 章

問 2 全訳②参照

問 3 全訳⑤参照

▼Additional Questions

問 4 (Mr. Bennet replied that he had not) heard that Netherfield Park was let at last

問 5 (But it is) let at last

問 6 物事 (Mrs. Bennet が言いたいこと) を引き起こすきっかけ

VISUALIZATION

①②大きな財産を持つ独身男性は妻を欲しがっているに違いない，というのは万人が認める真実 (前提)

③〜⑤そのような男性が引っ越してくる話 (物語の導入部にあたる)

VOCABULARY

☐ universally	普遍的に	☐ surrounding	周囲の
☐ acknowledge	…を認める	☐ rightful	正当な
☐ be in possession of …		☐ property	所有物；土地；性質
	…を持っている	☐ let	（家・部屋など）を貸す
☐ fortune	財産；運	☐ objection	異議
☐ be in want of …	…を欲しがっている	☐ immediately	即座に
☐ view	考え	☐ servant	召使い
☐ fixed	固定された	☐ to be sure	確かに

第 3 章

代用
比較
as の識別
仮定法

3-1

英文を読んで，次の問いに答えなさい。(132 words / 難易度：★★★)

①Speech is such a familiar part of daily life that we rarely pause to consider what it is. ②It seems as natural to humans as walking, and only less so than breathing. ③Yet it needs just a moment's reflection to convince us that this naturalness of speech is but an illusion. ④The process of acquiring speech is, in fact, an utterly different sort of thing from the process of learning to walk. ⑤In the case of the latter function, culture, in other words, the traditional body of social practices, is not seriously brought into play. ⑥The child is individually equipped, by the complex set of factors that we call biological heredity, to make all the needed muscular and nervous adjustments that result in walking. ⑦Walking is an inherent, biological function of man.

問1 ①を日本語に訳しなさい。

問2 ②を日本語に訳しなさい。

問3 ⑥を日本語に訳しなさい。

▼Additional Questions

問4 ③を分かりやすい日本語に訳しなさい。

問5 ⑤の the latter function とは何を指すか答えなさい。

問6 ⑤の is not ... brought into play とはどのような意味か答えなさい。

3-1　代用表現

LANGUAGE: AN INTRODUCTION TO THE STUDY OF SPEECH (1)

エドワード・サピア（Edward Sapir）著『言語 ことばの研究序説』より，その冒頭部分。サピアはアメリカの人類学者・言語学者。Benjamin Lee Whorf と共に提唱したとされる「サピア＝ウォーフの仮説」で知られる。この仮説は「話す言語が異なれば思考方法も異なる」というもの。例えば，日本語には雨に関する語彙が多い（五月雨，長雨，通り雨，霧雨，時雨，春雨，村雨，…）のだから，日本人は雨に関して他の国の人と違うように捉えているはずだ，という考え方である。今回の文章では非常に平易な言葉で言語の習得について語っている。

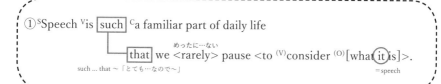

> ① ᔆSpeech ⱽis ⟨such⟩ ᶜa familiar part of daily life
> ⟨that⟩ we <rarely> pause <to ⁽ⱽ⁾consider ⁽ᴼ⁾[what it is]>.
> such ... that 〜「とても…なので〜」
> めったに…ない
> ＝speech

📝 **訳例**　言葉を話すことは日常生活の中で非常に馴染みのあるものになっているので，それが何であるのか立ち止まってじっくり考えることはめったにない。

▶　全体は such ... that 〜「とても…なので〜」の形。やはり **that の前に such があること**（及び that 節内が完全文であり，that 節全体で副詞節になっていること）がヒントになる。内容を考えて意味が通るかどうかも確認すること。

▶　to consider ... は副詞用法で〈目的〉を表す不定詞。直訳は「それが何であるのか考えるために立ち止まる」だが，「それが何であるのか立ち止まってじっくり考える」と意訳することができる。

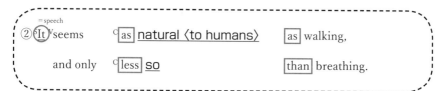

> ② ⟨It⟩ ⱽseems ᶜ⟨as⟩ natural ⟨to humans⟩ ⟨as⟩ walking,
> ＝speech
> and only ᶜ⟨less⟩ so ⟨than⟩ breathing.

(✐訳例) 言葉を話すことは人間にとって歩くのと同じくらい自然なことであり，ただ，息をすることほど自然ではないだけのようだ。

▶ ˢSpeech ⱽseems ᶜnatural (to humans).「言語を話すことは（人間にとって）自然なもののようだ」を基にして，「自然さ」の観点から speech「言語」を walking「歩くこと」及び breathing「息をすること」という 2 つの要素と比較している。

▶ 代用表現 上記の通り，less so の so は natural (to humans) を指す。breathing と比べると自然さは劣る，ということ。このように，**so は前文の補語などの代用として用いることができる。**

☞演習問題 [P] (p. 203)

▶ ①から分かるように，全体の趣旨は「言葉を話すことは自然なことだ」ということ。きわめて自然な行為である「息をすること」と比べると，さすがにそこまで自然ではないが，自分の意志を必要とする「歩くこと」と比べると，遜色ないほど自然である，と述べ，言語を話すことの自然さを際立たせているという文脈。

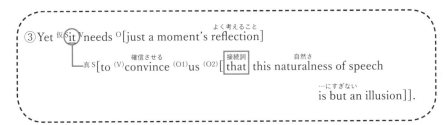

③Yet 仮Sⁱit ⱽneeds ᴼ[just a moment's reflection（よく考えること）]
└真S[to ⁽ⱽ⁾convince（確信させる） ⁽ᴼ¹⁾us ⁽ᴼ²⁾[[接続詞]that] this naturalness of speech（自然さ）
is but an illusion（…にすぎない）]].

(✐訳例) しかし，ほんの少し熟考するだけで，私たちはこうした言葉を話すことの自然さが幻想にすぎないと確信することになる。

▶ convince は〈convince＋A＋that ...〉という形で「A（人）に ... を確信させる」という意味になる。直訳では「私たちに…を確信させること」となるが，人である「私たち」を主語にして意訳すると「私たちが…を確信すること」となる。

語彙 but は「…にすぎない」の意味 (→ 2-2 ③)。

▶ reflection は「よく考えること」という意味なので，全体では「…と確信することは，ほんの少しだけ考えることを必要とする」というのが直訳。自然な日本語にすると上記の訳になる。

④ ^S[The process of acquiring speech] ^Vis, \<in fact\>,

^Can utterly different sort of thing

(from) the process of learning to walk.

【全く】

訳例　実際，言語を習得する過程は，歩けるようになる過程とは全く異なる種類のものだ。

▶ from は different と相関的に使われ（cf. be different from ...），「(from 以下)とは異なる」というつながりになっている。

語彙　learn to do は「…できるようになる」と訳すことが多い。learn は study「勉強する」と異なり，「(知識や技能を) 身につける」という意味合い。よって，learn to do の直訳は「…することを身につける」であり，これは文脈によっては「…できるようになる」と訳せる。

ex. He worked hard and learned to speak English fluently.
「彼は懸命に努力して英語を流暢に話せるようになった」

⑤ \<In the case of the latter function\>,
【場合】【後者の】【機能】

^Sculture, ([in other words], the traditional body of social practices),
【in other words 「言い換えると；すなわち」】【集積】【社会的な】【慣習】

^Vis not \<seriously\> brought into play.

訳例　後者の機能（＝歩くこと）の場合では，文化，すなわち伝統的な社会的慣習の集積が，本格的に活用されることはない。

▶ the latter は「後者（2つ挙げたうちの，後の方）」という意味であり，ここでは（learning to）walk のことを指す。「前者（2つ挙げたうちの，前の方）」は the former。

> **ex.** There are two supermarkets in this town: Tom's and Super Shopping. The former is bigger than the latter.
>
> 「この街には2つスーパーがある。トムズとスーパーショッピングだ。前者は後者より大きいよ」
>
> ←the former は「トムズ」，the latter は「スーパーショッピング」を指す。

▶ 文の主語である culture が in other words を挟んで the traditional body of social practices「伝統的な社会的慣習の集積」と言い換えられている。

語彙 bring A into play は「A を活用する」の意。bring A into B で「A を B の状態にする」という意味があると覚えておくと，以下のような熟語表現を一気に押さえることができる。

bring A into <u>B</u>	直訳	⇒一般的な訳
bring A into <u>use</u> 「使用」	A を<u>使用している状態</u>にする	A を使い始める
bring A into <u>existence</u> 「存在」	A を<u>存在している状態</u>にする	A を成立させる A を生み出す
bring A into <u>effect</u> 「効果」	A を<u>効果がある状態</u>にする	A を実施する
bring A into <u>subject</u> 「服従」	A を<u>服従の状態</u>にする	A を服従させる
bring A into <u>question</u> 「疑問」	A を<u>疑問の状態</u>にする	A を疑問視する

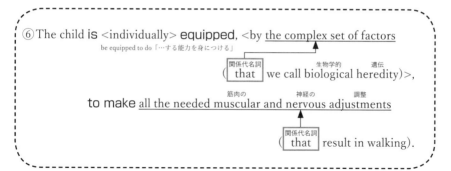

⑥The child is <individually> equipped, <by the complex set of factors
be equipped to do「…する能力を身につける」
（［関係代名詞］that we call biological heredity）>,
生物学的 遺伝
to make all the needed muscular and nervous adjustments
筋肉の 神経の 調整
（［関係代名詞］that result in walking）.

📝 **訳例** 私たちが生物学的遺伝と呼ぶ一連の複雑な要因によって，歩くことを引き起こすのに必要な筋肉と神経のあらゆる調整をする能力を，子供は個々に身につけるからだ。

▶ by the complex set ... biological heredity という前置詞句をカッコにくくると，to make... が be equipped to *do*「…する能力を身につける」というつながりだと気づくことができる。元々は A equip B to *do*「A が B に…する能力を身につけさせる」という形。ここから受動態の B is equipped to *do* by A「A によって B が…する能力を身につける」ができ，この by A が equipped と to *do* の間に入り込んでいる。

▶ 全体として，この文は⑤に対する理由になっている。生まれた後に文化・社会的に身につける（＝後天的）vs. 遺伝により生まれながらにして生得的に身についている（＝先天的）の対立を軸に，「歩くこと」に必要な能力は先天的に備わっているものだから（⑥），文化によって後天的に身につけるものではない（⑤）と論じている。

⑦ ˢWalking ᵛis ᶜ[an inherent, biological function of man].
生来的な 生物的な

📝 **訳例** 歩くことは人間に生来的に備わった生物学的機能なのである。

▶ まとめの文。inherent も biological も形容詞であり，名詞 function にかかっている。このように**名詞を直接修飾する異種の形容詞は and が無くてもカンマで並べられる**ことにも注意。

ANSWERS

①言葉を話すことは日常生活の中で非常に馴染みのあるものになっているので，それが何であるのか立ち止まってじっくり考えることはめったにない。②言葉を話すことは人間にとって歩くのと同じくらい自然なことであり，ただ，息をすることほど自然ではないだけのようだ。③しかし，ほんの少し考えるだけで，私たちはこうした言葉を話すことの自然さが幻想にすぎないと確信することになる。④実際，言語を習得する過程は，歩けるようになる過程とは全く異なる種類のものだ。⑤後者の機能（＝歩くこと）の場合では，文化，すなわち伝統的な社会的慣習の集積が，本格的に活用されることはない。⑥私たちが生物学的遺伝と呼ぶ一連の複雑な要因によって，歩くことを引き起こすのに必要な筋肉と神経のあらゆる調整をする能力を，子供は個々に身につけるからだ。⑦歩くことは人間に生来的に備わった生物学的機能なのである。

問 1 全訳①参照

問 2 全訳②参照

問 3 全訳⑥参照

▼Additional Questions

問 4 全訳③参照

問 5 歩くこと

問 6 「本格的に活用されることはない」の意。

VISUALIZATION

①②言葉を話すことは，歩くことと同じくらい自然なことに思える

 しかし

③④こう考えるのは幻想であり，言語習得と歩行習得の過程は異なる

 ［詳述］

⑤⑥⑦歩くことは人間に生来的に備わった機能である

（ 3-2 に続く）

VOCABULARY

□ breathe	息をする	□ seriously	真剣に；本格的に
□ reflection	よく考えること	□ bring O into play	O を活用する
□ convince O that ...	O に…と確信させる	□ individually	個々に
□ acquire	…を習得する	□ be equipped to do	…する能力を身につける
□ utterly	全く	□ complex	複雑な
□ learn to do	…できるようになる	□ factor	要因
□ case	場合	□ biological	生物学の
□ the latter	後者（の）	□ heredity	遺伝
	(cf. the former 前者（の）)	□ muscular	筋肉の；たくましい
		□ nervous	神経の；神経質な；不安な
□ in other words	言い換えると；すなわち		
□ traditional	伝統的な	□ adjustment	調整
□ a body of ...	…の集団；たくさんの…	□ inherent	生来的な；固有の
□ social practice	社会的な慣習		

3-2

英文を読んで，次の問いに答えなさい。（174 words / 難易度：★★★）

（ 3-1 の続き）

①This is not so with language. ②It is of course true that in a certain sense the individual is predestined to talk, but that is due entirely to the circumstance where he is born not merely in nature, but into a society that is certain, reasonably certain, to lead him to its traditions. ③Eliminate society and there is every reason to believe that he will learn to walk, if, indeed, he survives at all. ④But it is just as certain that he will never learn to talk, that is, to communicate ideas according to the traditional system of a particular society. ⑤Or, again, remove the new-born individual from his social environment and transplant him to an utterly alien one. ⑥He will develop the art of walking in his new environment very much as he would have done in the old. ⑦But his speech will be completely different from the speech of his native environment. ⑧Walking is an organic, an instinctive, function (not, of course, itself an instinct); speech is a non-instinctive, acquired, "cultural" function.

問1 ②を日本語に訳しなさい。

問2 ④を日本語に訳しなさい。

問3 ⑤を日本語に訳しなさい。

問4 ⑥の as he would have done in the old はどのような意味か説明しなさい。

▼Additional Questions

問5 ③を日本語に訳しなさい。

3-2　比較対象の省略 / 代用表現 / 仮定法

> ### LANGUAGE: AN INTRODUCTION TO THE STUDY OF SPEECH (2)
>
> 3-1 の続き。

---

①This is not so with language.

訳例　言語の場合はそうではない。

▶　この with は「関連・対象の with」と呼ばれるもの。

ex.　There's nothing wrong <u>with the computer</u>.
「その<u>コンピュータに</u>不具合は何もありません」
She is angry <u>with Ben</u>.「彼女は<u>ベンに対して</u>怒っている」

　ここでは「<u>言語に関しては</u>，このこと（= 3-1 にあった「人間に生来的に備わった生物的な働きである」ということ）が当てはまらない」ということが述べられている。

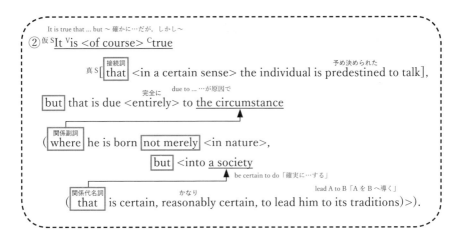

It is true that ... but ～ 確かに…だが,しかし～
② 仮S It Vis <of course> Ctrue
    真S [接続詞 that <in a certain sense> the individual is predestined to talk],
                             予め決められた
   完全に   due to ... …が原因で
but that is due <entirely> to the circumstance
(関係副詞 where he is born not merely <in nature>,
         but <into a society
                 be certain to do「確実に…する」
                                   lead A to B「A を B へ導く」
   関係代名詞   かなり
(that is certain, reasonably certain, to lead him to its traditions)>).

訳例 ある意味で個々の人は話すようあらかじめ運命づけられているというのはもちろん事実であるが,これはもっぱら,人間が自然の中だけに生まれるのではなく,ある社会のもとに生れ落ち,その社会が確実に,かなり確実に,人間をその社会の伝統へと導いていくという事情のためなのである。

語彙 predestined の中には destiny「運命」が隠れている。pre は「プレビュー」「プレオープン」にあるように,「(時間的に)前;あらかじめ」の意味。よって predestine という動詞は「あらかじめ運命づける」という意味になる。この語は be predestined to *do*「…するようあらかじめ運命づけられる」という形で用いられることが多い。これは inherent や biological や equipped などの書き換えであり,譲歩の節の中で,ある意味において言語が先天的であることを表している。(もちろん,その後で否定されている)

▶ circumstance に続く関係副詞節内では,not merely[only / just / simply] ... but also ～「…だけでなく～も」の形が用いられている。この時,also はよく省略されることに注意。また,but が書かれないこともある。

ex. This is not only a legal matter. It's also a matter of conscience!
   「これは法律的に問題があるというだけじゃない。良心の問題でもあるんだよ!」
   ←not only や also という表現と,2 つの文の内容的つながりから,2 文目の最初に But を補って読まなければならない。このように文のつながり(結束性)が明らかであれば,接続表現は明示しない方が自然な書き方となることがある。

③ ^{V(命令文)}Eliminate ^Osociety
　　　　…を排除する
　　命令文＋and SV「もし…すれば，SV」

[and] there is every reason (to ^(V)believe ^(O)[[that] he will learn to walk,
　　　　　　　　　　　　　　　　　　　　　　　　接続詞
　　　there is every reason to do「…する理由が十分にある」

　　　　　　　　　　　　　　　　<if, <indeed>, he survives at all>]).

✎ **訳例**　社会が無かったとしても（←直訳：社会を排除してみても），人間は歩けるようにな
ると信じる理由は十分にある。もし仮に，その人間が実際に生き延びるのであれば，という
ことであるが。

▶　全体は〈命令文＋and SV〉の形になっている。これは命令文の部分が〈条件〉
になる構文。つまりこの文は (even) if you eliminate society, there is ... という文
に等しい。

▶　条件節にあたる「社会を無くす」という内容と，主節にあたる「人間は歩け
るようになると十分信じられる」という内容は，反対の内容になっていると言え
るので，if を even if の意味で解釈することになる（→演習問題 [C]）。

語彙　every reason は I have every reason to *do* / There is every reason to *do* の
ような形で使われ，「…する理由が十分にある；…するのは当然だ」の意味にな
る。

═══ CHECK　**at all** ═══════════════════════════

　at all はもともと「全て (all) において (at)」ということなので，〈強調〉が原
義。否定文と組み合わされると not ... at all となり「全く…ない」という強い否定
になるのが有名だが，他にも肯定文，疑問文，条件文と組み合わせることもでき
る。

文の種類	訳語の例	例文
否定文	全く…（ない）	I don't like tomatoes at all. 「私はトマトが全く好きではない」
肯定文	本当に；実際に；とにかく	He can do anything at all. 「彼は本当に何でもできる」
疑問文	いったい；そもそも	What are you talking about at all? 「きみはいったい何を言っているんだ？」
条件文	仮に；少しでも	If there is any chance at all, I'll do it. 「もし少しでも望みがあるなら，やるよ」

ここでは条件文と組み合わされており，「もし仮に…なら」という意味。

④But ^{仮S}it ^Vis just as ^Ccertain ^{真S}[[that]（名詞節） he will never learn to talk,

[that is], to communicate ideas

<according to the traditional system of a particular society>].

（…に従って）

（✎ 訳例） しかし人間は話せるようには，すなわち，ある特定の社会の慣習体系に従って考えを伝達することができるようには決してならない，ということもまた同様に確かである。

▶ ③と対比。③の「もし社会が無ければ」という条件を引き継いでいる。

▶ 比較対象の省略 A as ... as B という同等比較の比較対象（as B）が省略されていることに注意。前文と対応している。単純化して主要素のみを書くと，

it is just as certain that he will never learn to talk as it is certain that he will learn to walk

「歩けるようになることが確かであるのと同じくらい，話せるようにならないこともまた同様に確かである」

という形から，   で囲まれた as 以下が省略された形である。正確に読むためには比較対象を確認することも重要。

☞ 演習問題 [Q]（p. 206）

▶　that is は副詞要素で「つまり；すなわち；言い換えると」の意味。どの部分を言い換えているか掴むには並列を考えるときと同様に，直後の要素をチェックすればよい。今回は直後が to communicate ... という to 不定詞になっているので，その前の to talk という to 不定詞部分を言い換えていると分かる。

▶　communicate の語法に関しては 2-4 ⑤参照。

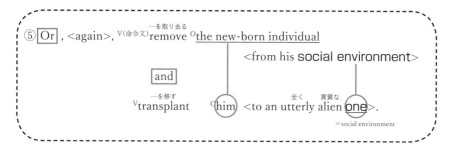

(✐訳例)　あるいはまた，新生児をその子がいる社会環境から取り去って，全く異質な環境へと移してみよう。

▶　全体で③前半部同様に条件文になっており，⑥につながっている。

▶　**代用表現**　one は〈a＋単数名詞〉の言い換え表現（今回のように形容詞がついている場合には〈a＋形容詞＋one〉になる）。ここでは remove A from ... 「A を…から取り去る」と transplant A to ... 「A を…へ移す」の対応に着目して，(social) environment のことだとつかみたい。

(✐訳例)　その子は新しい環境でも，移される前の環境でもそうだったであろうように，歩く技術を十分に発達させるだろう。

▶　**語彙**　art に「技術」の意味があることは覚えておきたい。

第3章

▶ 代用表現 in the old はその前にある new との対応を考えれば in the old environment のことだと分かる。

▶ 代用表現 would have done は代動詞 do が使われていることを考えれば，直前の動詞＋α，すなわち develop the art of walking を言い換えたものだと分かる。as 以降は he would have developed the art of walking で，〈would＋have ＋p.p.〉という仮定法の形になっている。実際には「新しい環境に移されて育った」のだから，「移される前の環境で育った」という内容は仮定法の世界（＝現実ではないこと）になる。

▶ as は〈様態〉を表す接続詞。「…のように；…と同じように」と訳す。

⑦ But ᔆhis speech ⱽwill be <completely> ᶜdifferent
　　　　　　　　　　　　　生まれた所の
　　　　　　　<from the speech of his native environment>.

(✎訳例) しかしその子の話す言語は，生まれ落ちた環境での話す言語とは全く違うものになるだろう。

▶ ⑥と対比。⑤で示された条件の下で，⑥は walking に関して，⑦は speech に関して述べている。この対比が見えると，ここでの native は old と同じような意味で用いられていると分かる。

⑧ᔆWalking ⱽis ᶜ[an organic, an instinctive, function]
　　　　生得的な　　本能的な　　働き
　　　　　　　(not, <of course>, <itself> an instinct)
　　　　　　　　　　　　　　　　　　本能
⁝ ᔆspeech ⱽis ᶜ[a non-instinctive, acquired, "cultural" function].
　　　　　　　　　後天的　　文化的

(✎訳例) 歩くことは生来的な，本能の働きであり（もちろん歩くことそれ自体は本能ではないが），話すことは本能的ではなく，後天的，「文化的」な働きなのである。

▶　まとめの文。セミコロン（;）を用いて walking と speech を対比している。このセミコロンは「接続詞の代わり」として用いられ，「対比」「並列・列挙」「具体化」など，様々な働きを持つ。

▶　この walking（先天的）と speech（後天的）の対比から，organic は「オーガニックな；有機的な」ではなく，「本能的な；生得的な；先天的な」といった意味であると分かる。

▶　itself に関しては 2-4 ⑤参照。元々このカッコ内は <u>Walking is</u> not, of course, itself an instinct. ということなので，itself は walking を強調し，「歩くこと自体は（本能ではない）」という意味になる。

ANSWERS

①言語の場合はそうではない。②ある意味で個々の人は話すようあらかじめ運命づけられているというのはもちろん事実であるが，これはもっぱら，人間が自然の中だけに生まれるのではなく，ある社会のもとに生れ落ち，その社会が確実に，かなり確実に，人間をその社会の伝統へと導いていくという事情のためなのである。③社会が無かったとしても，人間は歩けるようになると信じる理由は十分にある。もし仮に，その人間が実際に生き延びるのであれば，ということであるが。④しかし人間は決して話せるようには，すなわち，ある特定の社会の慣習体系に従って考えを伝達することができるようには決してならない，ということもまた同様に確かである。⑤あるいはまた，新生児をその子がいる社会環境から取り去って，全く異質な環境へと移してみよう。⑥その子は新しい環境でも，移される前の環境でもそうであったであろうように，歩く技術を十分に発達させるだろう。⑦しかしその子の話す言語は，元の環境での話す言語とは全く違うものになるだろう。⑧歩くことは生来的な，本能の働きであり（もちろん歩くことそれ自体は本能ではないが），話すことは本能的ではなく，後天的，「文化的」な働きなのである。

問1 全訳②参照

問2 全訳④参照

問3 全訳⑤参照

問4 移される前の環境でも歩く技術を発達させていたということ

▼Additional Questions

問5 全訳③参照

（3-1 ③④の詳述部分から）

①（習得過程の点において）言語は（歩くこととは）違う

↓ ［詳述］

②社会があるから話すようになる

↓ ［詳述］

③社会が無くても歩けるようにはなる ↔ ④社会が無くても話せるようにはならない

＋

⑤異なる社会環境に移してみると…

↓ ［詳述］

⑥元の環境と同じように歩けるようになる ↔ ⑦元の環境と話す能力は全く違うものになる

↓ ［まとめ］

⑧歩くことは先天的，話すことは後天的な能力である。

第 3 章

VOCABULARY

□ be predestined to *do*	…するようあらかじめ決められている	□ indeed	実際に
□ due to ...	…が原因で	□ survive	生き残る
□ entirely	完全に	□ particular	特定の
□ circumstance	事情；状況	□ remove	…を取り去る
□ be certain to *do*	確実に…する	□ transplant	…を移す
□ eliminate	…を排除する	□ alien	異質な
□ there is every reason to *do*	…する理由が十分にある；…するのは当然だ	□ art	技術
		□ organic	生得的な；有機的な
		□ instinctive	本能的な
		□ acquired	後天的な

148

3-3

英文を読んで，次の問いに答えなさい。(218 words / 難易度：★★☆)

①Our Sun is a fairly ordinary star, a bit brighter than most but not exceptionally so. ②There are many stars much bigger and brighter, while most stars are smaller and fainter. ③The Sun is not an especially variable or active star, and it has no enormous chemical or magnetic peculiarities. ④It is not a very young star, nor is it old and nearing the end of its life. ⑤It is, in short, truly exceptional in only one way: it is very close to the Earth—in fact, at just the right distance to make life as we know it possible.

⑥Most of us do not worship the Sun as did many in ancient civilizations, but we certainly should not take for granted the light and heat that it provides. ⑦Left to itself, the Earth would be a fantastically cold rock at near absolute-zero temperature*. ⑧If the Sun had been slightly more massive, its high temperature would have made the Earth's surface hot enough to melt lead. ⑨A smaller Sun would have left the Earth unbearably cold.

⑩Distance also matters. ⑪Had the Earth been closer, we might have been as extremely hot as Venus; farther away and we might have been as cold and dry as Mars. ⑫We live at just the right distance from a just-right star.

［注］absolute-zero temperature 絶対零度（−273℃）

問1 ①を和訳しなさい。ただし most と so の内容を明示すること。

問2 ⑤を和訳しなさい。

問3 ⑥を和訳しなさい。

問4 ⑨を分かりやすく和訳しなさい。

▼Additional Questions

問5 ⑦の Left to itself とはどのような意味か。分かりやすく和訳しなさい。

3-3　代用表現 / 比較対象の省略 / as の識別 (名詞限定の as / 対比の as) / 仮定法の条件節の代用 / 仮定法の倒置

NEAREST STAR: THE SURPRISING SCIENCE OF OUR SUN

レオン・ゴラブ (Leon Golub) & ジェイ・パサチョフ (Jay Pasachoff) の著書『最も近い恒星：太陽に関する驚きの科学』からの抜粋。太陽が地球上の生命とどのように関わっているか，分かりやすく書かれている。内容は馴染みがあってつかみやすいが，接続詞 as や仮定法などの重要事項が盛りだくさんに登場するので，丁寧に読み解いていこう。

▼第 1 パラグラフ

① ᔆOur Sun ⱽis ᶜa fairly ordinary star, (a bit **brighter** <than most> but not
かなり　　平凡な
= most stars
並外れて
exceptionally **so**).
= bright

（✏️ 訳例）　太陽はかなり平凡な恒星であり，たいていの恒星よりは少し明るいが，並外れて明るいわけではない。

▶　a bit brighter 以降は直前の a fairly ordinary star を補足的に説明している。下記のように being が省略された分詞構文と考えても構わない。

ex.　Unable to find a job, he decided to start his own business.
「就職することができなかったので，彼は自分の会社を起こすことに決めた」
　←文頭の Unable の前に being が省略されており，(Being) Unable to find a job が分詞構文のカタマリになっている。

▶　most は most stars のこと。most / many / some などの数量詞は前述の名詞を受けて単独で用いることができる。

ex.　Most books are useful, but some are not.
「ほとんどの本は役に立つものだが，一部の本はそうでない」
　←some は some books のこと。

また，前述の名詞ではなく単に people の意味になることもある (→ 2-4 ⑧)。

ex. There are many who struggle to get to the hotel.
「そのホテルにたどり着くのに苦労している人が多くいる」
←many は many people のこと。

▶ not exceptionally で部分否定を構成している。「並外れて…というわけではない」の意。

▶ 代用表現 **so は前述の補語を受ける表現**（→**3-1**②）。ここでは bright を受けている。

②There are <u>many stars</u> (much **bigger** and **brighter**),

<|while| most stars are **smaller** and **fainter**>.

<small>かすかな</small>

（✍訳例） 太陽よりずっと大きく明るい恒星もたくさんある一方で，ほとんどの恒星は太陽よりも小さく輝きが弱い。

▶ 比較対象の省略 **比較級がいくつも使われているが，比較対象を表す than がない。ここでは①との意味関係から「太陽」との比較だと考え，than our[the] Sun を補って考える**（→**3-2**④）。文脈で明らかである場合を除き，訳語にも比較対象を明示的に出した方が分かりやすくなる。

▶ 結局，太陽は大きさの点でも明るさの点でも ordinary「平凡」だということが述べられている。

③ᔆThe Sun ⱽis not ꟲ[an especially <u>variable</u> |or| <u>active</u> star],

and (it)has no enormous <u>chemical</u> |or| <u>magnetic</u> peculiarities.

<small>変化しやすい 活発な</small>
<small>非常に大きな 化学的な 磁気の 特性</small>
= the Sun

（✍訳例） 太陽は特に変化しやすいわけでもなければ，特に活動的な恒星でもなく，非常に大きな化学的あるいは磁気的な特性を帯びているわけでもない。

④ It is not a very young star, nor is it old and nearing the end of its life.
= the Sun　　　　　　　　　　　　　　　　　　否定語句の後の倒置

訳例 太陽はごく最近生まれた（←直訳：とても若い）恒星でもないし，生まれてからだいぶ経ち，その生命の終わりに近づきつつあるわけでもない。

▶ nor の後の SV は疑問文の語順になる倒置が起こる（→ **1-5** ①）。

▶ near が「…に近づく」という動詞として使われていることに注意。be 動詞と合わせて現在進行形を形成している。

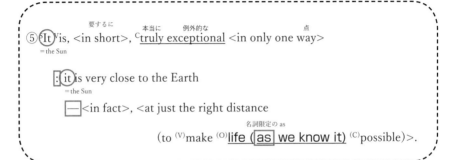

⑤ It ⁽ᵛ⁾is, <in short>, ᶜtruly exceptional <in only one way>
= the Sun　　要するに　　　本当に　　例外的な　　　　　　　点

　　： it is very close to the Earth
　　= the Sun

　　—<in fact>, <at just the right distance
　　　　　　　　　　　　　　　　　　名詞限定の as
　　　(to ⁽ᵛ⁾make ⁽ᴼ⁾life (as we know it) ⁽ᶜ⁾possible)>.

訳例 要するに，太陽はたった 1 つの点において本当に例外的なのだ。それは，太陽が地球にとても近いということだ。実際のところ，私たちが知るような生命を存在可能なものにするのにちょうどよい距離にあるのである。

▶ ここまで「太陽は例外的な存在ではない」ことが繰り返し言われてきたため，ここで in short「要するに」とまとめて，「たった 1 つの点でしか例外的でない」と述べる。もちろん，この「例外的な点」が筆者の言いたいこと。この点を強調するために，このような論理構成にしている。

▶ **コロン（:）は具体化を表す。** ここでは，上記の「太陽の例外的な点」は何であるか，コロン以降で具体的に述べている。

▶　as の識別　　life as we know it「私たちが知るような生命」の as は接続詞で，「名詞限定の as」。関係詞と同じように直前の名詞の意味を限定する（正確には「様々な見方のうちの 1 つ」という含意がある）。形の上での関係詞との最大の違いは，限定している名詞が節内の S や O に it / they[them] として現れるという点。ここでも it は life を受けている。関係詞の場合はここから関係代名詞が作られるため，その部分が欠けた形になる。

> **ex.** Life in Mars would be very different from the life which we know.
> 「火星に生命がいるとしたら，それは私たちの知る生命とはとても異なったものであるだろう」
> ←the life which we know は他動詞 know の目的語が欠けている。

接続詞 as には様々な意味があり，識別が必要。

=== CHECK　**as の識別** ===

接続詞 as の基本となる 5 用法は以下の通り

---

① 時・同時（同時性を強調するために just as の形になることもある）
Jackie came in as Tony went out.
「ジャッキーが入ってくると同時にトニーが出ていった」
② 比例（節内に変化・増減を表す語句があることが多い）
As the night grew darker, the temperature began to drop.
「夜が深まるにつれて気温が下がり始めた」
③ 理由（〈比例〉との境目は曖昧なこともある。付帯状況的なニュアンス）
As it was getting dark, I decided to go home.
「暗くなってきたので，家に帰ることにした」
④ 様態（同内容の反復は省略される。例文は told の後ろに to do の省略）
He did as he was told.「彼は言われた通りにやった」
⑤ 譲歩（〈形容詞 / 副詞＋as＋SV〉という語順。形容詞 / 副詞の前に as がもう 1 つつくこともある）
Strange as it may sound, this is true.
「奇妙に聞こえるかもしれないが，本当のことなんだ」

第 3 章

これに加えて,

⑥ 今回登場した名詞限定の as（出現頻度は高くない）

⑦ 同等比較 as ... as の 2 つ目の as（1 つ目の as は「同じくらい」という意味の副詞）

I am as tall as he is.「私は彼と同じくらいの身長だ」

⑧ 付言の as（「ご存じの通り」「見ての通り」などの話者のコメントを加える）

As you see, there are a large audience here.

「ご覧の通り，ここには多くの聴衆がいます」

などがある。

これらはしっかりと識別する必要がある。演習問題で慣れておこう。

☞ **演習問題 [R] p. 207**

■ ▼第 2 パラグラフ

⑥ ᔆMost of us ⱽdo not worship ᴼthe Sun < as did many
…を崇拝する
倒置（＝many did）

<in ancient civilizations>>,

but ᔆwe <certainly> ⱽshould not take <for granted>
take O for granted「O を当然のことだと思う」
→take for granted O ⁽ᴼ⁾the light and heat (that (it provides).
関係代名詞
＝the Sun

（✐ 訳例） 私たちはたいてい，古代文明において多くの人がそうであったのとは違って，太陽を崇拝したりしない。しかしもちろん，太陽が与えてくれる光や熱を当然のものだと思うべきではない。

▶ 代用表現 　as did many ... は as many did ... に倒置が起こったもの。〈様態〉の as の後ではしばしば倒置が起こる。many は many people の意味（→①）。代動詞 did は直前の worship (the Sun) を指しており，全体では「古代文明において多くの人々が太陽を崇拝していたように（＝as many people worshiped the Sun in ancient civilizations」という意味になる。

154

▶ as の識別　このasは「…のように；…と同じように」を意味する〈様態〉のasだが，訳出に注意を要する。そのまま訳出すると「私たちはたいてい，古代文明において多くの人がそうであったように，太陽を崇拝したりしない」となり，古代文明の人々が太陽を「崇拝していた」のか「崇拝していなかった」のか，どちらの意味にもとれる訳文になってしまう（「崇拝していた」が正しい）。これは様態のas節に先行する主節やasの節内に否定要素がある場合に起きる現象。このようなとき，「…と違って」「…ではなく」と訳出すると誤解のない訳語になる（上記訳文参照）。これを「対比のas」と呼ぶことがある。

ex. He is not diligent as other students in his class are.
　　○「彼はクラスの他の生徒と違って勤勉ではない」
　　　←「クラスの他の生徒」が勤勉であることがはっきりする。
　　　asの後ろの省略を補うと other students in his class are diligent なので，こちらの解釈が正しい。
　　×「彼はクラスの他の生徒と同じように勤勉ではない」
　　　←「クラスの他の生徒」が勤勉なのかどうかはっきりしない

分詞構文
⑦ \<Left to itself\>,
(be) left to oneself「一人きりになる」
ˢthe Earth ⱽwould be ᴼ[a fantastically cold rock
仮定法の would
　　　　　　　　　　(at near absolute-zero temperature)].

訳例　もし仮に地球だけしかないとしたら，地球は絶対零度近くのとてつもなく冷たい岩であるだろう。

▶　Left to itself は If it (＝the Earth) were left to itself を意味する分詞構文。leave A to oneself「Aを一人きりにする」の受動態 A be left to oneself を元にした表現だが，この表現を知らなくても be left「残される」to oneself「自分のところに」という語句の意味合いや主節の内容から，その意味を推測したい。全体の意味内容や主節に would という助動詞の過去形が用いられていることから，この部分は仮定法の条件になっていることも分かる。

⑧ <If the Sun had been slightly more massive>,

^S[its high temperature] ^V would have made ^O[the Earth's surface]
= the Sun　　　　　　　　　仮定法の would

^C hot enough <to melt lead>.
enough to do「…するのに十分」

（✐ 訳例）　もし太陽がもう少し大きかったとしたら，その温度の高さのせいで地球の表面は鉛を溶かしてしまうほど熱くなっていただろう（←直訳：その温度の高さが地球の表面を，鉛を溶かすのに十分なほど熱くしてしまうだろう）。

▶　⑦に続き，仮定法の文になっている。

⑨ ^S[A smaller Sun] ^V would have left ^O the Earth ^C unbearably cold.
　　　　　　　　仮定法の would

（✐ 訳例）　もし太陽が今より小さかったら，地球は耐えきれないほど寒くなっていただろう。

▶　**仮定法の条件節の代用**　全体は仮定法の文で，主語がその条件を表している（→ 1-7 ⑤）。このパターンを見破るには ①助動詞の過去形（would / could / might）が用いられている ②内容が現実に反するなどの点に着目するとよい。①に関しては推量の助動詞として助動詞の過去形が使われている場合などもあるため，必ず仮定法だとは断定できないが，「もしかしたら仮定法かもしれない」と考えるきっかけになる。ちなみに，⑨は If the Sun had been smaller, it would have left ... と書き換えられる。

ex.　A little more care would have prevented the accident.
= If you had taken a little more care, you would have prevented the accident.
「もう少し注意していれば，その事故を防ぐことができただろう」

なお，今回の場合は前文⑧と対の関係になっていることに着目すれば，仮定法であると容易に見破ることができる（⑧もし太陽が今より大きかったら↔⑨もし太陽が今より小さかったら）。

▶ 訳出の際には，条件となる主語の部分を「もし…だったら」のように訳す方がよいだろう。

---

⑩ ^SDistance <also> ^Vmatters.

(✐**訳例**) 距離もまた重要である。

■ ▼第３パラグラフ ■

語彙 matter は名詞で「問題；物質」などの意味があるが，今回のように自動詞で「(S は) 重要だ；問題だ」という意味で用いることもよくある。

▶ ここでの「距離」とは，続く⑪で温度の話があることを考慮すれば「太陽からの距離」のことだと分かる。

↓ (to the Sun)

⑪ <Had the Earth been closer>,
= If the Earth had been closer

　　　　　　　^Swe ^V**might have been** ^Cas extremely hot <as Venus>

対比を表すセミコロン　　　↓ (from the Sun)

; farther away and
= If the Earth had been farther away

　　　　　　　^Swe ^V**might have been** ^Cas cold and dry <as Mars>.

(✐**訳例**) もし地球がもっと太陽に近かったら，金星と同じくらい極端に暑くなっていたかもしれないし，もし地球がもっと太陽から遠かったら，火星と同じくらい冷たく乾燥していたかもしれない。

▶ **仮定法の倒置** Had the Earth been closer は仮定法の条件節である If the Earth had been closer と同じ意味。**仮定法においては if を省略し，主語とその直後の助動詞 (would/could/might/should)，were，had を入れ替えることによって，条件節の代用をすることができる。**やや格式ばった表現だが，よく用いられる。（→演習問題 [P] (1)）

ex. Humans could not have survived had it not been for the ability to cooperate.
「協力する能力が無かったとしたら，人間は生き残れなかっただろう」
←元の形は Humans could not have survived <u>if it had not been for the ability to coop-erate</u>. ここから if を省略し，it と had を入れ替えている。

▶ 　仮定法の条件節の代用　　farther away and ... という形は If the Earth had been farther away「もし地球がもっと太陽から遠かったら」という意味の条件節の代用になっている。
　このように，仮定法においては，⑨で扱った「主語が条件を表す」場合の他に，様々な形で条件節を表すことができる。

=== CHECK 　**仮定法における条件節の代用** ===

(a) A（名詞句など）and ...
<u>One more step and</u> you would have fallen from the cliff.
「もう一歩進んでいたら，君は崖から落ちていたよ」
(b) 副詞句
<u>With a little more effort</u>, she would have succeeded.
「もう少し努力していれば，彼女は成功していただろう」
(c) 不定詞句（ただしこの形はごく一部の慣用的な表現に限られる）
<u>To hear him talk</u>, you would take him for an American.
「彼が話すのを聞けば，彼のことをアメリカ人だと思うだろう」

　今回の文章では仮定法がたくさん出てきており，定型表現の繰り返しによる見た目の単調さを防ぐため，farther away and ... という形を用いたと考えることができる。

⑫ We live <at just the right distance (from a just-right star)>.

訳例　　私たちはちょうど適切な恒星からちょうど適切な距離で生きているのである。

▶ 　a just-right star は⑧⑨に，just the right distance は⑩⑪に基づいている。

ANSWERS

①太陽はかなり平凡な恒星であり，たいていの恒星よりは少し明るいが，並外れて明るいわけではない。②太陽よりずっと大きく明るい恒星もたくさんある一方で，ほとんどの恒星は太陽よりも小さく輝きが弱い。③太陽は特に変化しやすいわけでもなければ，特に活動的な恒星でもなく，非常に大きな化学的あるいは磁気的な特性を帯びているわけでもない。④太陽はごく最近生まれた恒星でもないし，生まれてからだいぶ経ち，その生命の終わりに近づきつつあるわけでもない。⑤要するに，太陽はたった1つの点において本当に例外的なのだ。それは，太陽が地球にとても近いということだ。実際のところ，私たちが知るような生命を存在可能なものにするのにちょうどよい距離にあるのである。

⑥私たちはたいてい，古代文明において多くの人がそうであったのとは違って，太陽を崇拝したりしない。しかしもちろん，太陽が与えてくれる光や熱を当然のものだと思うべきではない。⑦もし仮に地球だけしかないとしたら，地球は絶対零度近くのとてつもなく冷たい岩だっただろう。⑧もし太陽がもう少し大きかったとしたら，その温度の高さのせいで地球の表面は鉛を溶かしてしまうほど熱くなっていただろう。⑨もし太陽が今より小さかったら，地球は耐えきれないほど寒くなっていただろう。

⑩距離もまた重要である。⑪もし地球がもっと太陽に近かったら，金星と同じくらい極端に暑くなっていたかもしれないし，もし地球がもっと太陽から遠かったら，火星と同じくらい冷たく乾燥していたかもしれない。⑫私たちはちょうど適切な恒星からちょうど適切な距離に生きているのである。

問1　全訳①参照

問2　全訳⑤参照

問3　全訳⑥参照

問4　全訳⑨参照

▼Additional Questions

問5　もしこの世に地球しかなかったとしたら

VISUALIZATION

①太陽は平凡だ

[詳述]

②明るさ・大きさ
③変化のしやすさ・活動的かどうか・化学的
または磁気的特性
④生まれた時期

➡ 全て平凡

要するに

⑤例外な点は「地球の生命を存在可能にするのにちょうどよい距離
にある」ということのみ

⑥地球の生命の存在は太陽のおかげ

[詳述]

⑦太陽が無かったら地球は冷たい岩になる
⑧太陽がもう少し大きかったら地球は熱くなりすぎていた
⑨太陽がもう少し小さかったら地球は冷たくなりすぎていた
⑩⑪距離も重要：今より太陽に近くても遠くても現在の地球は
存在しない

[まとめ]

⑫地球は適切な恒星から適切な距離にある

VOCABULARY

□ fairly	かなり	□ worship	…を崇拝する
□ ordinary	平凡な；普通の	□ ancient	古代の
□ bright	明るい	□ take O for granted	
□ exceptionally	並外れて；例外的に		O を当然だと思う
□ faint	（光・音・感情などが）	□ temperature	温度
	かすかな	□ slightly	少し
□ variable	変化しやすい	□ massive	巨大な
□ active	活発な	□ surface	表面
□ enormous	非常に大きな	□ melt	…を溶かす
□ chemical	化学の	□ lead	鉛
□ magnetic	磁気の	□ distance	距離
□ peculiarity	特性	□ matter（動詞）	（S は）重要だ；問題だ
□ in short	要するに		

演習問題

[A] SV の発見 (→ p.7)

☆次の文の中心となる SV を指摘しなさい。S は下記の例のように中心となる名詞 1 語を答えること。

> 例：A while ago, a tall man in a suit entered the lobby of our hotel.
> 「先ほど，スーツを着た背の高い男が私たちのホテルのロビーに入ってきた」
> →S: man / V: entered

(1) The most common reason parents mention for acquiring pets is the belief that it benefits their children.

（熊本大）

(2) The recognition that feelings of happiness and unhappiness can coexist much like love and hate in a close relationship may offer valuable clues on how to lead a happy life.

（山梨大）

(3) A study by the University of Minnesota of more than 9,000 students in eight public high schools from three states found that schools with start times of 8:30 a.m. or later report improved academic performance in core areas such as math, English, science and social studies.

（青山学院大）

★次の英文を日本語に訳しなさい。

(4) Studies highlighted in the review suggest connections made between brain cells during musical training can aid in other forms of communication, such as speech, reading and understanding a foreign language.

（九州大）

▼解説

(1) ᶳThe most common reason (ˢ'parents ⱽ'mention (for acquiring pets))

↓関係代名詞の省略

考え　　　接続詞
ⱽis the belief [[that it benefits their children].

同格
=acquiring pets「ペットを飼うこと」

(S: reason / V: is)

訳例　ペットを飼うことに関して親が挙げる最も一般的な理由は，ペットを飼うことが子供に良い影響を与えるという考えだ。

▶　reason の後に関係代名詞の which または that が省略されている。

(2) ᶳThe recognition [[that ˢ'[feelings of happiness and unhappiness]
認識　　　接続詞

同格

共存する
ⱽ'can coexist <much like love and hate (in a close relationship)>]
much like ...「…と同様に」

手掛かり
ⱽmay offer ᴼvaluable clues (on how to lead a happy life).

(S: recognition / V: (may) offer)

訳例　親しい間柄における愛と憎しみと同じように幸せと不幸せの感情は共存できると気がつくことで，幸せな人生の送り方に関する貴重な手掛かりが得られるかもしれない。
(←直訳：親しい関係性における愛と憎しみとちょうど同じように幸せと不幸せの感情が共存できるという認識が，幸せな人生の送り方に関する価値ある手掛かりを与えるかもしれない)

演習問題

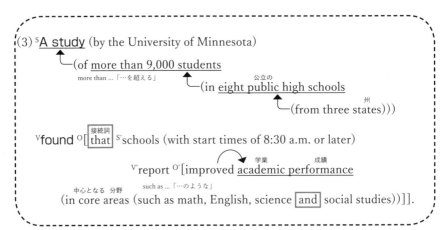

(S: study / V: found)

📖 訳例　3つの州の8つの公立高校に通う9000人超の学生を調べたミネソタ大学の研究では，午前8時半かそれより遅く始業する学校は，数学や英語や理科や社会といった主要科目で学業成績が向上したと報告している（←直訳：向上した学業成績を報告している）ことが分かった。

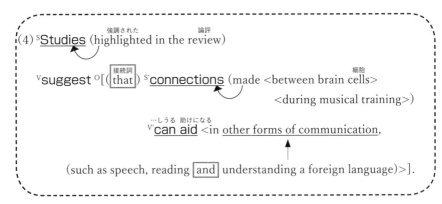

📖 訳例　その論評の中で取り上げられている研究が示しているのは，音楽の訓練の最中に起こる脳細胞同士の結びつきが，話すことや読むことや外国語を理解することのような別の形態の意思疎通に役立ち得るということだ。

▶ highlighted は動詞の過去形ではなく過去分詞で，過去分詞句の highlighted in the review が直前の Studies を修飾している。仮に highlighted が動詞だとすると①他動詞なのに目的語が無い②過去形なのが文脈と合わない③後ろにまた動詞がある（suggest）という点でおかしい。

▶ suggest の後ろには名詞節を導く接続詞 that（think that … ; believe that … などの that）が省略されている。この「名詞節を導く接続詞 that」の省略は意外と読み取りづらいので注意が必要。

▶ that 節内では connections が S で，made … training が過去分詞句で後ろから connections を修飾している。studies highlighted … と同じ構造。connections に対する V は can aid「助けとなり得る」。

語彙 highlight は蛍光マーカーで光らせて「強調」するイメージ。「蛍光ペン」のことを highlighter と言う。

[B] 文頭の Ving (→ p.11)

☆次の文の下線部の Ving が動名詞か分詞構文か判定せよ。

(1) <u>Living</u> in an almost weightless environment for long periods of time causes muscles to weaken and bones to lose mass.

（青山学院大学）

(2) By the time I was six, <u>having concluded</u> that there were no tigers or comets or dinosaurs in our humdrum* Indiana neighborhood, I had turned to birds as the best thing available.
〈注〉humdrum: 単調な

（京都工芸繊維大）

(3) <u>Developing</u> your English skills to a level where you have a good command of the language requires constant effort. （群馬大）

(4) <u>Having</u> responsibilities for helping at home with housework, completing home-work, caring for a pet, taking care of themselves and their possessions, and caring for and about others are good ways to teach characteristics of success and achievement.

（福岡大）

▼解説

(1) ˢ[<u>Living</u> <in an almost weightless environment> <for long periods of time>]

cause O to do「(Sによって) Oが…する」

ᵛcauses │ ᵒmuscles to weaken

└ and ┘

ᵒbones to lose mass.

訳例 ほぼ無重力の環境に長期間暮らしていると，筋肉が弱くなり，骨は質量を失う。
（←直訳：ほぼ無重力の環境に長期間暮らすことは，筋肉が弱くなり，骨が質量を失うことを引き起こす）

▶ Living は動名詞で，〈前置詞＋名詞〉をカッコにくくっていくと，causes という V が出てくるので，それまでの Living ... time のカタマリが S だと分かる。動名詞句は三人称単数扱いになる。

▶ 動詞部分は cause＋O＋to do「Oが…するのを引き起こす；(Sによって結果として) Oが…することになる」の形。and は 2 つの O＋to do を並列している。

(2) <By the time I was six>,
by the time SV「SV するまでに」(期限)

<(V)having concluded (O)[接続詞 that there were no tigers or comets or dinosaurs
彗星　　　　　　　　　　恐竜

単調な　インディアナ州　　地区・近辺
<in our humdrum Indiana neighborhood>]>,

SI Vhad turned to birds <as the best thing available>.
turn to ...「…に目を向ける」

◇訳例　私は 6 歳になるまでに，私たちの住む単調なインディアナ州の辺りには虎も彗星も恐竜もいないと結論づけて，実際に見つけられる最も良いものとして鳥に目を向けていた。

▶　having concluded は分詞構文。having concluded からのカタマリを我慢強く読み進めていくと，neighborhood の後にカンマがあり，その後に I had turned to ... という SV が現れる。ゆえに having concluded ... neighborhood が分詞構文となる。

(3) S[(V)Developing (O)[your English skills]

<to a level (関係副詞 where you have a good command of the language)>]
have a good command of ...「…をうまく使いこなす」
Vrequires O[constant effort].

◇訳例　英語をうまく使いこなせる水準にまで英語のスキルを高めるには継続的な努力が必要だ（←直訳：…を高めることは継続的な努力を必要とする）。

▶　Developing は動名詞で，上記のように正しくカッコに括ると，requires という V が現れるので，Developing ... language という動名詞句が S，requires が V となる。

(4) ^S Having responsibilities <for helping <at home> with housework>,

completing homework,

caring for a pet,

taking care of themselves and their possessions,
所有物

and

caring for and about others

^Vare ^Cgood ways (to teach characteristics of success and achievement).
特徴

help with ... 「…を手伝う」

📝 **訳例** 家での家事の手伝いに責任を持つこと，宿題を終わらせること，ペットの世話を すること，自分の身体と自分の所有物を管理すること，そして他者を思いやり気にかけるこ とは，成功と達成の特徴を教える良い方法である。

▶ -ing がたくさん並んでいることに注意。**かなり読み進めていってから are と いう動詞が出てくる。**そこまでに出てきた -ing が全て動名詞で，Having ... others が主語，are が V となる。動名詞が 5 個あるので，述語動詞が are になっている。

[C] 副詞節中のS＋beの省略 (→p.24)

★次の文を訳しなさい。

Though made famous by its major protagonist Peter Pan, the novel *Peter and Wendy* is rarely read in its original form today, if it was ever widely read.

(慶応・文)

〈注〉protagonist 主人公　Peter and Wendy『ピーターとウェンディ』

170

▼解説

<Though made famous <by its major protagonist Peter Pan>>,
↑ it has been の省略

^Sthe novel *Peter and Wendy* ^Vis <rarely> read <in its original form> <today>,

< if it was ever widely read>.
= the novel *Peter and Wendy*

> **訳例** 最も重要な主役であるピーターパンによって有名になったが，小説『ピーターとウェンディ』は，かつては広く読まれていたにせよ，今日オリジナル版で読まれることはめったにない。

▶ **Though made famous** の部分に S＋be 動詞が省略されている。ここでは S は主節の主語である the novel *Peter and Wendy*（→it）となる。省略を復活させると Though (it has been) made famous by its major protagonist Peter Pan, ... となり，これは [its major protagonist Peter Pan](S) has made(V) it(O) famous(C)「最重要な主役であるピーターパンがそれを有名にした」の受動態。

語彙 rarely が「めったに…ない」という否定の副詞であることに注意。

ex. She rarely comes here.「彼女はめったにここに来ない」
Rarely have I experienced such high quality of service.
「私はそれほど質の高いサービスをめったに受けたことがない」

▶ **if it was...** の部分は，「もし…ならば」とそのままつないでしまうと意味が通らない。ここでは if を even if「たとえ…だとしても」という〈譲歩〉で解釈すれば，「たとえ広く読まれていたとしても，オリジナル版で読まれることはめったにない」となり，意味が通る。このように，**前後で意味が逆転しているとき，if を even if の意味で解釈することがある**ことに注意。

ex. Although infants often prefer to be with one person, in the first few months they are rarely upset if that special person is not present.

（熊本大）

「幼児はある一人の人物と一緒にいることを好むことが多いが，最初の数か月で，たとえその特別な人物がいなかったとしてもめったに動揺しなくなる」

演習問題

→if を「もし…ならば」の意味で解釈すると全体の文意が通らないので，if を even if の意味で解釈する。

[D] 並列 (→ p.29)

☆次の英文の四角に囲まれた or / and が並列関係にしているものを答えなさい。

(1) In the 21st century, we are discovering more $\boxed{\text{and}}$ more about the brain $\boxed{\text{and}}$ the role of emotion, $\boxed{\text{and}}$ challenging old ideas about how we learn, make decisions, act $\boxed{\text{and}}$ remember.

（岡山大）

(2) Dr. Einstein made a careful study of Dr. Szilard's paper $\boxed{\text{and}}$ on the second day of August, 1939, exactly one month before the Second World War started, wrote a letter to President Franklin D. Roosevelt.

（和歌山県立医科大）

★次の英文の下線部を日本語に訳しなさい。なお，(3) の the ministry は文部科学省 (Ministry of Education, Culture, Sports, Science and Technology) を指す。

(3) The ministry's inexact and inconsistent measures have caused considerable confusion to teachers, and some have sharply criticized the ministry for irresponsible handling of education policy. However, viewed from another angle, the current situation means that the day has finally come when it can be taken for granted that local communities and schools can make independent decisions on how to run their own schools and what kind of education should be given to children. Each local community and school should make the best use of the arrival of a new age of education.

（群馬大）

172

（4）John, now in his second year at college, was home for the spring vacation, and his mother took the opportunity of having a serious talk with him. Did he know where he wanted to live? John was not sure. Did he know what he wanted to do? <u>He was equally uncertain, but when pressed remarked that he should prefer to be quite free of any profession</u>. She was not shocked, but went on sewing for a few minutes.

（東京大）

▼解説

(1)

<In the 21st century>,

^Swe ^V<u>are</u> | discovering ^Omore 〔and〕 more （about | the brain
〔and〕
the role of emotion），

〔and〕

…に異議を唱える
challenging old ideas （about 〔how〕 we | learn,
make decisions,
act
〔and〕
remember）.

訳例 21世紀において，私たちは脳や感情の働きについてますます多くのことを発見しつつあり，どのように私たちが学び，決定を下し，行動し，記憶するかに関する従来の考えに異議を唱えつつある。

▶ 1つ目の and は discover <u>much</u> about ...「…について<u>多くのこと</u>を発見する」を元に，discover <u>more</u> about ... という比較級にして，さらに discover <u>more and more</u> about ...「…について<u>ますます多くのこと</u>を発見する」という形にしたもの。〈比較級 and 比較級〉で「ますます」という意味合いになる。

▶ 2つ目の and は直後が the role of emotion という名詞であること（および意味）から，その名詞と直前の the brain という名詞が並列関係だと考える。

▶ 3つ目の and は直後が -ing なので，形から discovering が並列関係だと分かる。これら2つの -ing は共に be 動詞の are と合わせて現在進行形を形成している。

▶ 4つ目の and は learn, make decision, act, remember という4つの動詞（＋α）を並列関係にしている。このように，**3つ以上の要素を並列にする場合は A, B, C(,) and D のように最後だけ and / or / but を書くのが一般的**。

---

(2)

ᔆDr. Einstein	ⱽ<u>made</u> ᴼ[a careful study (of Dr. Szilard's paper)]
	and
	<on the second day of August, 1939>,
	<exactly one month <before the Second World War started>>,
	〈期間〉+ before ...「…する〈期間〉前に」
	ⱽ<u>wrote</u> ᴼa letter <to President Franklin D. Roosevelt>.

訳例　アインシュタイン博士はシラード博士の論文を注意深く調べ，1939年8月2日，第二次世界大戦が始まるちょうど1か月前に，フランクリン・D・ルーズベルト大統領へ手紙を送った。

▶ 「並列関係は and / or / but の直後の語句の文法的働きで判断する」というのが原則だが，今回は例外的な形。直後の on the second day of ... という時を表す副詞句と対応するものが前に無く，仮に何かと並列にできたとしても，後の方に動詞である wrote が出てきてつながらなくなってしまう。ここで並列関係にあるのは made と wrote という 2 つの動詞であり，and と wrote の間に副詞句が 2 つ入りこんでいる。このように，**A and B の and と B の間に副詞句 M が入り込んだ A and MB という形は並列の中でも注意を要する**。一般的に and / or / but の直後が副詞句だった場合は，このような形も想定できるようにしておくべき。

▶ 〈期間〉＋before / after ... で「…する〈期間〉前 / 後に」という意味の頻出表現。英作文でも使えるようになっておきたい。

ex. Let's meet him two days before he leaves.
「彼が出発する 2 日前に彼と会いましょう」
We arrived three hours after the class started.
「授業が始まって 3 時間後に到着した」

具体的な期間だけでなく，long「長い間」や soon / immediately / shortly「すぐに」なども用いることができる。

ex. I knew you long before we met.
「私たちが出会うよりだいぶ前に君のことを知っていた」
I fell asleep shortly after he started to speak.
「彼が話し始めてすぐ後に私は寝てしまった」

演習問題

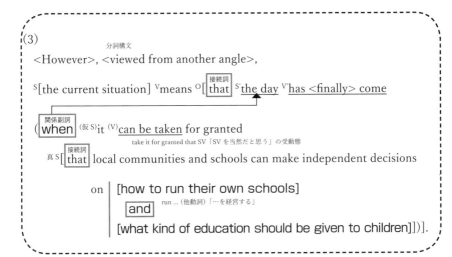

(3)

分詞構文

\<However\>, \<viewed from another angle\>,

^S[the current situation] ^Vmeans ^O[| that | ^{S'}the day ^{V'}has \<finally\> come

接続詞

関係副詞

(| when | ^(仮 S)it ^(V)can be taken for granted

take it for granted that SV「SV を当然だと思う」の受動態

真 S[| that | local communities and schools can make independent decisions

接続詞

on | [how to run their own schools]

| and | run ... (他動詞)「…を経営する」

[what kind of education should be given to children]])].

📝 **訳例** 文部科学省の厳密でなく一貫性の無い政策は教師にかなりの混乱を引き起こし，一部の教師は文部科学省を無責任に教育政策を行っているとして厳しく批判した。しかし別の角度から見ると，現在の状況は，地域の共同体や学校が自身の学校をどのように運営し，どのような種類の教育が子供に与えられるべきかについて，独自に決定を行えるのが当然のことだと考えられる時代がついにやってきた，ということを意味している。個々の地域の共同体や学校は教育の新たな時代の到来を最大限活用すべきなのだ。

▶ when it can be ... は the day「時」を修飾する形容詞節（この when は関係副詞）。これを副詞節を導く接続詞 when「…するとき」と解釈してしまうと，「…するとき，その時 (the day) がついにやってきた」となってしまい，不自然な意味になる。has finally come という述語部分が短く，関係副詞節を先行詞 the day の直後に置いてしまうとバランスが悪くなるため後置した形。

▶ and の直後は what kind of education ... という疑問詞節になっているので，その直前の how to run ... という疑問詞句が並列関係になっていると分かる。

(4)
^SHe ^V<u>was</u> <equally> ^Cuncertain,

     &boxed; but &boxed;
      ↓ he was の省略
     <when pressed>

              be free of ...「…が無い」   職業
     ^V<u>remarked</u> ^O[that he should prefer to be quite free of any profession].

📖 **訳例**　現在大学2年生のジョンは，春休みに帰省していたので，母がこの機会に彼と真面目な話をすることにした。「自分がどこで暮らしたいか分かっているの？」ジョンははっきりとしなかった。「自分のしたいことは分かっているの？」<u>彼はそれについても同様にはっきりとしなかったが，答えるように迫られると，どんな職業にも全く就かないでいられるといいんだけど，と言った。</u>母は驚くことなく，しばらく縫い物を続けていた。

▶　equally「（前出語句と）同程度に；同様に」は下線部前の John was not sure. を受けた表現。1つ目の質問にもはっきりと答えなかったが，2つ目の質問に対しても同じようにはっきりと答えなかった，ということ。

▶　when pressed の部分では 1-3 ④で学習した「副詞節中の S＋be 動詞は省略される場合がある」というルールが適用されている。when he was pressed のことで，ここでの press は「（精神的に）押す」の意（cf. pressure「プレッシャー」）。「（質問に対して）答えるように迫られる」と意訳できると分かりやすい。

▶　but の並列がポイント。ここでは but の後ろが副詞節なので，そこをカッコにくくると remarked という動詞が出てくる。ゆえに，この remarked と was という2つの動詞が並列関係になっていると分かる。(2) と同様に A and MB の形。

▶　should は 1-2 ⑧で学習した「控えめの should」。

演習問題

語彙 free は「(…から) 自由な」→「(…が) 無い」の意。smoke-free は「煙草を自由に吸ってよい」という意味ではなく、「煙草の煙から自由な」→「禁煙の」ということ。fat-free は「脂肪分ゼロの」, sugar-free は「無糖の」。ここでは,「どんな職業にも就かない」という意味で使われている。

[E] 関係代名詞の省略 (→ p.30)

☆関係代名詞節にカッコをつけなさい。

(1) This is the house I bought last year.

(2) It is important to have a friend you can count on when you're in trouble.

(3) Nearly everything we know about the brain has been learned only recently.

(4) They found the meeting they attended boring.

(5) When we are only interested in things we find relatable or people we find like-able, we're implicitly encouraging self-love and uniformity, and we're criticizing difference.

(中央大)

(6) I know a man who was raised on a farm in Idaho with thirteen brothers and sisters. It was all his parents could do to put shoes on their feet and food on the table.

(中央大)

★次の英文を日本語に訳しなさい

(7) We are all aware of the damage that modern industry can cause the world's ecology, but few people are aware of the impact widely spoken languages have on other languages and ways of life.

(佐賀大)

▼解説

(1)〜(6) は以下の ( ) をつけられていればよい。カッコを閉じる位置にも注意。

178

(1) This is <u>the house</u> (I bought <last year>).

(2) ^{仮S}It ^Vis ^Cimportant ^{真S}[to have <u>a friend</u> (you can count on

count on ... 「…を頼る」

<when you're in trouble>)].

(3) ^S<u>Nearly everything</u> (we know <about the brain>)

ほとんど　全てのこと

^Vhas been learned <only recently>.

(4) ^SThey ^Vfound ^O<u>the meeting</u> (they attended) ^Cboring.

find OC 「O を C だと思う」

訳例

(1) これが昨年私が買った家です。(the house と I bought の間に関係代名詞の省略)

(2) 困ったときに頼りにできる友達を持つことは重要です。(a friend と you can count on の間に関係代名詞の省略)

(3) 脳について私たちが知っているほとんど全てのことは，最近になってようやく分かった。(Nearly everything と we know の間に関係代名詞の省略)

(4) 彼らは出席した会議を退屈だと思った。(the meeting と they attended の間に関係代名詞の省略。boring は関係詞節に含まないことにも注意)

(5)

<When> we are <only> interested in | things (^{S'}we ^{V'}find ^{C'}relatable)

↑ ^{S'}we ^{V'}find ^{O'}<u>things</u> ^{C'}relatable
「物事が自分に関係していると思う」が元

or

people (^{S'}we ^{V'}find ^{C'}likeable)>,

↑ ^{S'}we ^{V'}find ^{O'}<u>people</u> ^{C'}likeable
「人々を自分が気に入ったと思う」が元

we're <implicitly> encouraging self-love and uniformity,

暗黙のうちに　　　　　　　　　　　　　　均質性

and we're criticizing difference.

演習問題

(✐ 訳例)　自分に関係していると思う物事や自分が気に入ったと思う人々にだけ関心を持つとき，私たちは知らず知らずのうちに自己愛と均質性を奨励し，差異を非難しているのである。

▶　find OC「O を C だと思う」の O が関係代名詞になり，省略された形。

▶　or の並列にも注意。〈名詞 S find C〉という同じ形をしているところから，上記のような並列の形が見抜ける。

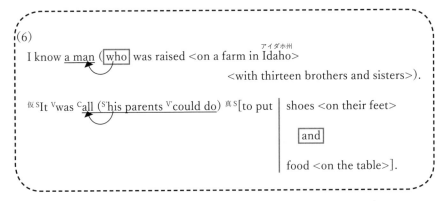

(6)
I know a man (who was raised <on a farm in Idaho アイダホ州>
　　　　　　　　　　　　　　　<with thirteen brothers and sisters>).
仮SIt Vwas Call (S'his parents V'could do) 真S[to put ┃ shoes <on their feet>
　　　　　　　　　　　　　　　　　　　　　　　　　　　　and
　　　　　　　　　　　　　　　　　　　　　　　　　　　　food <on the table>].

(✐ 訳例)　私は 13 人の兄弟姉妹と共にアイダホ州の農家で育てられた男を知っている。彼らの足に靴を履かせ，テーブルに食べ物を出すこと（＝衣食を満たすこと）が，彼の両親にできる全てのことだった（＝彼の両親には，彼らの足に靴を履かせ，テーブルに食べ物を出すことしかできなかった）。

▶　all his parents could do の all と his parents の間に関係代名詞が省略されている。it ... to- の構文も組み合わさっていることに注意。S[To put ... table] Vwas Call (his parents could do). が元の形。

▶　and が shoes と food を並列して，共に put の目的語になっていることにも注意。

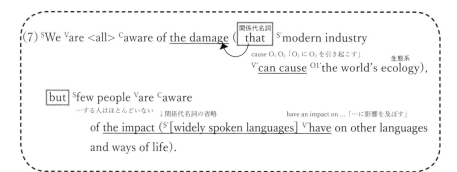

(7) ^SWe ^Vare <all> ^Caware of the damage (that ^{S'}modern industry

〈関係代名詞〉

cause O₁ O₂「O₁ に O₂ を引き起こす」

^{V'}can cause ^{O1'}the world's ecology), 〈生態系〉

but ^Sfew people ^Vare ^Caware

…する人はほとんどいない ↓関係代名詞の省略　have an impact on ...「…に影響を及ぼす」

of the impact (^{S'}[widely spoken languages] ^{V'}have on other languages and ways of life).

訳例 　私たちはみな，現代の産業が世界の生態系に及ぼしうる損害について気づいているが，広く話されている言語が他の言語や生活様式に与える影響に気づいている人はほとんどいない。

▶　the damage の後の that は関係代名詞。^{S'}modern industry ^Vcan cause ^{O1'}the world's ecology ^{O2}the damage「現代の産業が世界の生態系に損害を及ぼしうる」という文を基にしている。後に完全文が続く同格の接続詞 that ではないことに注意。

▶　the impact ^{S'}[widely spoken languages] ^{V'}have ... の部分が〈名詞＋SV〉になっている。よって，the impact (which) widely spoken languages have ... のように関係代名詞が省略されていると分かる。

▶　widely spoken languages は widely（副詞）が spoken（形容詞）を修飾し，spoken（形容詞）が language（名詞）を修飾している，という構造。

［F］ VO 分離 (→ p.32)

★次の英文を訳しなさい。

(1) Over the course of our species' evolution, the human brain has become highly sensitive to social cues. This sensitivity allows us to distinguish other people's facial expressions and gestures, and to immediately sense, usually accurately, their psychological state.

（熊本大）

（2）Analyzing animals and machines in terms of function, Leonardo da Vinci saw the similarities beneath the surface. <u>He recognized in the structure and working of the bones and muscles of both animals and humans the same mechanical principles that were applicable to machines.</u>

（信州大）

**　▼解説**

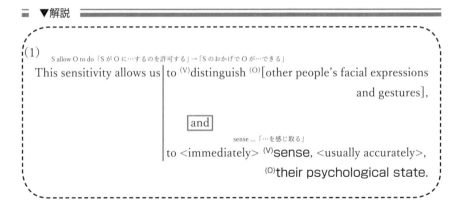

（1）
S allow O to do「S が O に…するのを許可する」→「S のおかげで O が…できる」

This sensitivity allows us | to (V)distinguish (O)[other people's facial expressions and gestures],

and

sense ...「…を感じ取る」

to <immediately> (V)sense, <usually accurately>,
(O)their psychological state.

（✐ **訳例**）　人類の進化の中で，人間の脳は社会的手掛かりに非常に敏感になった。<u>こうした敏感さのおかげで，私たちは他者の表情や身振りを見分け，大抵は正確に，すぐに彼らの心理状態を察知できるのである。</u>

▶　gestures の後の and は，直後が to <immediately> sense という to 不定詞の形になっていることから，その前の to distinguish と to immediately sense が並列関係になっており，共に allow O to do の to do 部分だと判断できる。

▶　sense の後の usually accurately「大抵は正確に」という副詞句をカッコにくくると，その後の their psychological state という名詞句が他動詞 sense の目的語になると分かる。

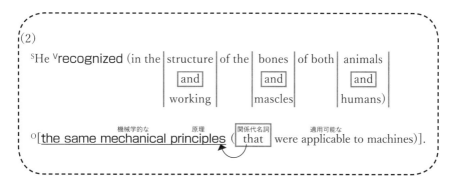

（2）

ᔆHe ⱽrecognized (in the │ structure │ of the │ bones │ of both │ animals
│ │ and │ │ and │ │ and
│ │ working │ mascles │ humans)

機械学的な　　　　原理　　　関係代名詞　　　　適用可能な
ᴼ[the same mechanical principles (that │ were applicable to machines)].

> 📝 **訳例**　機能の観点から動物と機械を分析することで、レオナルド・ダ・ヴィンチは目に見えない部分に類似性を見出した。彼は動物と人間の両方の骨と筋肉の構造や働きの中に、機械にも適用可能な、同一の機械学的な原理を発見したのである。

▶　recognize が他動詞であることがポイント。後ろに目的語になる名詞が出てくるはずだが、直後には in ... という前置詞句が続く。前置詞句は目的語にならないため、recognize の目的語になる名詞を探すようにして読んでいく。すると、humans という名詞の直後にまた新たに the same mechanical principles という名詞が連続して出てくる箇所がある。humans までを in ... からのカッコにくくって前置詞句とし、the same mechanical principles を recognize の目的語とすれば、構造が正しくなり、意味も通る。

▶　3 か所の and はそれぞれ上記の構造図のような並列になっている。全て直後が名詞なので、意味的に対応する直前の名詞と結ばれることになる。

[G] MVS (→ p.41)

★次の英文を訳しなさい。

（1）Among man's many accomplishments is his making of dictionaries.

（筑波大）

(2) She found that with modernization and with dependence on imported food came a lessening of respect for the skills and knowledge of the old farmers.

（福島県立医科大）

━━ ▼解説 ━━━━━━━━━━━━━━━━━━━━━

（✍訳例）　人間の数多い偉業の1つは辞書を作り出した［作り出す］ことだ。

語彙　man は「人間」一般を表す古い形。

▶　among という前置詞があるので直後の名詞と合わせてカッコにくくると，主語が無いまま is という動詞が出てきてしまう。よって，is が V，後ろにある his making of dictionaries が S になる MVS の形だと分かる。

▶　元の形は His(＝Man's) making of dictionaries is among man's many accomplishments. という形だが，ここで出てくる S be among ... は「S は…の1つ（＝S be one of ...）」という意味。

ex.　She is among the best singers in Japan.
　　＝She is one of the best singers in Japan.
　　「彼女は日本で最も上手い歌手のうちの一人だ（←直訳：彼女は日本で最も上手い歌手の中にいる）」

(2)

She found

[[that]接続詞 M<with modernization 近代化> [and] <with dependence on imported food>

V came S[a lessening 減ること of respect for the | skills

[and]

knowledge |

(of the old farmers)]].

> **訳例** 近代化と輸入食品への依存とともに，古くからの農家の持つ技術や知識に対する尊敬の念が薄れていったということを彼女は発見した。

▶ found that の後は，(1) 同様に with からカッコにくくっていくと**主語となる名詞が無いままに came という動詞が出てきてしまう**。また，come は主に第 1 文型 (SV) で使われることを考えると，come の後に名詞があることにも違和感を持つべきと言える (come には SVC の第 2 文型で使われる形もあるが，この C には形容詞を置く場合がほとんど。(例) My dream has come true. 「私の夢は実現した」)。よって，**came の後の名詞が S となる MVS の形**だと分かる。

[H] VC 分離 (→ p.51)

★次の英文を訳しなさい。

The world of classical music—particularly in its European home—was until very recently the preserve of white men. Women, it was believed, simply could not play like men.

（東京大）

▼解説

^SThe world (of classical music)—particularly in (its) European home—

^{= classical music}

^Vwas <until very recently> ^Cthe preserve (of white men). 独壇場

^SWomen, <it was believed>, <simply> ^V<u>could not play</u> <like men>.

訳例 クラシック音楽の世界は，特にその本場ヨーロッパでは，ごく最近まで白人男性の独壇場であった。女性が男性と同等に演奏することなど決してできないと信じられていたのである。

▶ was (V) と the preserve of white men (C) の間に until very recently という副詞句が入り込み，VC が分離している。

▶ 2 文目の it was believed は本項（**1-6**）で扱っている挿入の例 (b)（→ p. 50）。本来は It was believed (that) women simply could not play like men. という語順になる。It は仮主語で that 節が真主語。

語彙 simply は not より前に置かれると「全く…ない」という否定の強調になる。

[I] 文頭の To do (→ p.59)

☆次の文の下線部の To do が名詞用法か副詞用法か判定せよ。

(1) <u>To understand</u> human language one needs to see what, if anything, is special and unique to language.

（國學院大）

(2) <u>To walk</u> as slowly as people did in earlier times would be impossible for us today. Life is too busy.

（名古屋市立大）

（3）<u>To see</u> more clearly the changes that have come with capitalism, consider what life was like in Europe before the dawn of the capitalist age.

（信州大）

━ ▼解説 ━━━━━━━━━━━━━━━━━━━━━━━━

(1)
＜To (V)understand (O)human language＞

Sone Vneeds to see O[what], ＜if anything＞, is special and unique ＜to language＞].

（✍ 訳例） 人間の言語を理解するためには，いったい何が言語にとって特別で特有なものか確かめる必要がある。

▶ one（S：一般人称）needs to see（V）という SV が出てくるので，To understand human language は副詞用法（目的）だと分かる。

語彙 if anything は what の直後で用いると，「少しでもあるとしたら（何が…）；いったい（何が…）」という意味になる。

(2)
S[To walk as slowly as people did ＜in earlier times＞]
　　　　　　　　　　　　　 – walked slowly
　　　　　　　　　　　　　　　　　　　　Vwould be Cimpossible for us today.

（✍ 訳例） かつての人々と同じくらいゆっくりと歩くことは，今日の私たちには不可能だろう。人生は忙しすぎる。

▶ カッコをつけていくと would be という動詞が出現し，直前には主語となる名詞がない。よって，To walk ... times が名詞用法で S，would be が V だと分かる。

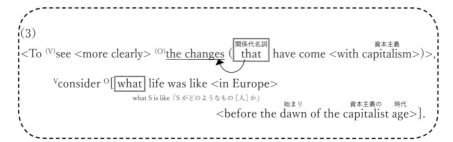

(3)
<To ^(V)see <more clearly> ^(O)the changes (that [関係代名詞] have come <with capitalism [資本主義]>)>, ^Vconsider ^O[what life was like <in Europe>

what S is like「S がどのようなもの[人]か」

<before the dawn of the capitalist age [始まり 資本主義の 時代]>].

📝 訳例　資本主義と共に訪れた変化をもっと明確に理解するために，資本主義時代が始まる前にヨーロッパでは生活がどのようなものだったか考えてみよう。

▶ see <more clearly> the changes は VO 分離のパターン（→ 1-4 ④）。

▶ To see からのカタマリが capitalism の後のカンマで途切れ，その後に動詞 consider が出てくるが，**この To see... を主語として読んでしまうと意味が通らない。**ここは To see ... capitalism が副詞用法の不定詞（目的），動詞の原形 consider からが主節（命令文）。

[J] MSV (→ p. 65)

★次の英文の下線部を訳しなさい。

A very grave and responsible man who sat in Parliament for many years told me that he went up to his bedroom one evening to change into evening dress. And <u>at the stage of undressing at which the ceremony of winding up his watch usually occurred he wound it up, put it under his pillow—and got into bed.</u> Happily, before he had fallen asleep he remembered that he had come up, not to undress for bed, but to dress for dinner.

（小樽商科大）

〈注〉wind up「（腕時計の）ネジを巻く」（活用は wind-wound-wound）

≡ ▼解説 ══════════════════════════════

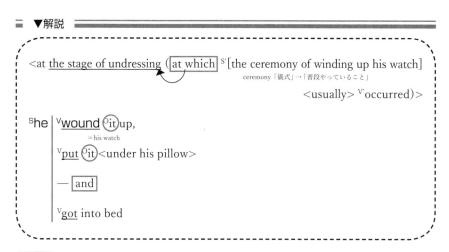

<at the stage of undressing (｜at which｜ S'[the ceremony of winding up his watch]

ceremony「儀式」→「普段やっていること」

<usually> V occurred)>

She ｜ V wound ◯it up,

= his watch

V put ◯it <under his pillow>

— ｜and｜

V got into bed

（✎訳例）　非常に威厳があり信頼のおける，長いあいだ国会議員を務めた男がかつて私に語ってくれた。ある晩，彼はベッドルームに行って夜会服に着替えようとした。そして，普段，腕時計のネジを巻くことにしている服を脱ぐ段階になって，彼は腕時計のネジを巻き，枕の下に入れ，それからベッドに入ってしまった。幸いにも，眠り込む前に，彼がベッドルームに来たのは眠ろうとして服を脱ぐためではなく，ディナーに行こうとして服を着るためだったと思い出したのだった。

▶　下線部の最初の部分は at the stage of undressing という〈前置詞＋名詞〉になっており，この〈名詞〉部分である the stage of undressing を at which ... occurred が関係詞節として修飾しているという構造。その後に出てくる he wound it up 以降が主節である。MSV の形。

▶　この文章は「習慣」に関する笑い話。普段は寝る前に服を脱ぎ，時計のネジを巻いて，ベッドに入るというルーティーンだったが，今回はディナーに行くために服を着替えようとして服を脱いだが，ついいつもの癖で，そのまま時計のネジを巻いてベッドに入ってしまった，ということ。

189

[K] 強調構文 (→ p.76)

★次の英文を訳しなさい。(1)は下線部だけでよい。

(1) <u>If you are a mental worker, it is seldom the amount of work you do that makes you tired.</u> You may be tired by the amount of work you do *not* do. For example, remember the day last week when you were constantly interrupted. No letters answered. Appointments broken. Trouble here and there. Everything went wrong that day. You accomplished nothing, yet you went home exhausted—and with a big headache.

（島根大）

(2) Strangely enough, in what seems the most powerful English-speaking country, the USA, it is the speakers of the dominant language, English, who have recently become fearful for the future of their language.

（愛知教育大）

▼解説

(1)
　頭脳　　労働者
<If you are a mental worker>, **it is** <seldom> [the amount of work (you do)]
　　　　　　　　　　　　　　　　　　　　　　↑関係代名詞の省略
　　　　　　　　　　　　　　　　 [that] ᵛmakes ᵒyou ᶜtired.

📝 **訳例**　あなたが頭脳労働者なら、あなたを疲れさせるのが、行う仕事の量であることはめったにない。ひょっとしたら、あなたが行わない仕事の量によって疲れてしまうことがあるかもしれない。たとえば、あなたが絶えず作業を中断させられていた先週の一日を思い出してみよう。手紙の返事が来ない。面会の予定は無くなった。そこかしこでトラブルが起こった。その日はあらゆることが上手くいかなかった。何もやり遂げることができず、疲れ果てて家に帰ったのだった。ひどい頭痛とともに。

▶ **that の後で主語となる名詞が欠けていることがヒント**。この that を，同じく節内で名詞が欠ける関係代名詞だとすると，it が何を指すのか不明。よって it is ... that の強調構文で，the amount of work you do という名詞句が強調されていると分かる。seldom「めったに…ない」で全体が否定されている点にも注意。

▶ the amount of work you do は名詞（the amount of work）の直後に SV（you do）が続いているため，関係代名詞の省略（→ **1-4** ②）だと分かる。

語彙 seldom が「めったに…ない」という意味の否定の副詞であることに注意。

---

(2)

<Strangely enough>, <in [[what] $^{V'}$seems ^{C}[the most powerful
副詞＋enough「…なことに」（文修飾）

English-speaking country]], [the USA]>,
名詞の同格の用法

it is [the speakers of [the dominant language], [English]],
支配的な
名詞の同格の用法

[who] ^{V}have <recently> become ^{C}fearful <for the future of their language>.

（✐**訳例**） 奇妙なことに，最も力のある英語圏の国であるように思われるアメリカ合衆国において，自身の言語の将来に対して最近恐れを抱くようになったのは，支配的な言語である英語の話し手なのである。

▶ what seems ... country と the USA は〈名詞，名詞〉の同格関係。また，the dominant language と English も同様の同格関係になっている。**名詞がカンマの後で構造的に１つ浮いているように見えて，かつ内容的に直前の名詞と同じものを指しているとみなせる場合は，名詞の同格用法を疑うこと。**

▶ it is ... who で強調構文。**強調されている要素が〈人〉ならば who，〈物・事〉ならば which を，それぞれ that の代わりに用いることがある。**今回は the speakes「話し手」なので who が用いられている。

[L] that の識別 (→ p.89)

☆それぞれ下線部の that と同じ用法のものを選びなさい。

(1) I really think the cliche is true <u>that</u> "things happen for a reason."

  (a) I'm sure that you'll like it.

  (b) He gave up the idea that he would become a writer.

  (c) That he will come is certain.

  (d) The fact is that I have lost my mobile phone.

(上智大)

(2) Some experts are so convinced that colors have a strong effect on us <u>that</u> they believe colors can be used to heal.

  (a) It was only yesterday that he informed me of the news.

  (b) Tom is such a smart boy that all his classmates respect him.

  (c) Some people have a firm belief that God does exist.

  (d) Jane has a cute bag that her mother made for her by hand.

(佛教大)

(3) There is evidence obtained through thermoluminescent dating and electron-spin resonance dating at sites of hominids in Mount Carmel, Israel, <u>that</u> modern humans existed in Israel about 100,000 years ago, long before the Neanderthal peoples arrived there.

  ［注］thermoluminescent dating；熱ルミネセンス年代測定法
       electron-spin resonance dating；電子スピン共鳴年代測定法
       hominid；原人

  (a) It is the failure to do so that leads to a fatal accident.

  (b) I think it odd that she hasn't let us know.

  (c) It was such a wonderful movie that I saw it three times.

  (d) The chances are very good that he'll be promoted.

(東京理科大)

▼解説

（1）私は本当に，「物事は理由があって起こる」という常套句が真実であると思う。

▶ **同格の接続詞 that**。the cliche「常套句；陳腐な決まり文句」の内容説明になっている。is true までで文が完成しているので，that を名詞節（＝文全体の S / O / C になる）を導く that とみなすことはできない。また，節内が完全文なので関係代名詞であることもありえない。

▶ なお，think の直後には以下のように that が省略されており，これは名詞節を導く接続詞 that。(that) the cliche ... a reason.” が think の目的語になっている。

^{S}I <really> ^{V}think ^{O}[(that) the cliche is true that “things happen for a reason.”]

（a）あなたはそれをきっと気に入ると思います。（**〈be 動詞＋形容詞＋that 節〉の that**。be sure は直後に that 節を続けることができる（→ **2-1**④））

(b) 彼は作家になるという考えを諦めた。（**同格の that**。the idea の内容説明になっている）

（c）彼が来ることは確かだ。（**名詞節を導く that**。That ... come が文の主語になっている）

（d）実は，携帯電話をなくしたんです。（**名詞節を導く that**。that ... phnoe が補語になっている）

（2）色が私たちに強い影響を及ぼすとあまりに強く確信を持っているので，色を治療に用いることができると信じている専門家もいる。

▶ **so ... that の that**。この that 節は副詞節で「結果・程度」の意味を表す。

▶ なお，convinced の後の that は be sure that のように be convinced that と形容詞の直後に続く that。convince O that ...「O（人）に…ということを納得させる」の受動態と考えてもよい。

（a）昨日になってようやく，彼は私にその知らせを教えてくれた。（**強調構文の that**。副詞句 only yesterday が it was ... that に挟まれていることがヒントになる）

演習問題

(b) トムは非常に賢い少年なので，彼のクラスメイトはみな彼のことを尊敬している。(such ... that の that。この that 節は so ... that の場合と同様に，副詞節で「結果・程度」の意味を表す)

(c) 神は確かに存在すると固く信じている人もいる。(**同格の that**。直前の belief の内容説明になっている)

(d) ジェーンは彼女の母が彼女のために手作りした可愛いバッグを持っている。(**関係代名詞の that**。この that 節は形容詞節。節内で made の目的語となる名詞が無いことが大きなヒント)

(3) 熱ルミネセンス年代測定法や電子スピン共鳴年代測定法を用いてイスラエルにあるカルメル山の原人がいた場所で得られた，約10万年前，ネアンデルタール人が到着するずっと前に，現生人類がイスラエルに存在していたという証拠がある。

▶ **同格の that**。evidence の内容説明になっている。evidence に対して obtained ... Israel という過去分詞句が修飾しており，evidence と同格の that 節が離れていることに注意。

(a) 致命的な事故を引き起こすのは，(そうすることではなく) そうしないことである。(**強調構文の that**。the failure to do so という名詞が強調されている。that 節内の leads の主語となる名詞が無いことがヒント。so that とつなげて読んでしまうと，that 節内が完全文でなければならないため矛盾する)

(b) 彼女が私たちに知らせてくれなかったというのは奇妙だと私は思う。(仮目的語 it に対する真目的語になる**名詞節を導く that**)

(c) それはとても素晴らしい映画だったので，3回見た。(**such ... that の that**。such が直前にあること，及び that の節内が完全文であることがヒント。冒頭の It は前述されている (あるいは既知の) 映画のことを指す)

(d) 彼が昇進する可能性は大いにある。(**同格の that**。the chances「可能性」の内容説明になっている)

［M］ 連鎖関係詞 (→ p.95)

★以下の英文を訳しなさい。(1) は下線部のみでよい。

(1) Giving gifts to loved ones, especially children, can be a challenge. <u>The stores are stuffed with increasingly expensive items that we hope will function and be of some value to the receiver.</u>

（島根大）

(2) Some scientific concepts have been so ruined by our education system that it is necessary to explain the ones that everyone thinks they know about and really don't.

（新潟大）

≡ ▼解説 ≡

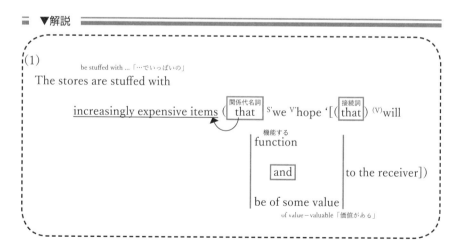

(1)
be stuffed with ... 「…でいっぱいの」
The stores are stuffed with

increasingly expensive items (関係代名詞 that Sʼwe Vʼhope ʻ[(接続詞 that) (V)will

機能する
function

and

be of some value
of value = valuable「価値がある」

to the receiver])

✐訳例 愛する人，特に子供に贈り物をすることは，難しい問題になる場合がある。<u>受け取る人にとって役割を果たし何らかの価値があることを私たちが望んでいる，ますます高額になっている商品でお店はいっぱいである。</u>

▶ we hope (that) <u>items</u> will function and (will) be of some value to the receiver
を元にした表現。

▶ function が動詞であることにも注意。「(正常に／意図通りに) 機能する；役割を果たす」の意。ここでは「プレゼントの役割＝受け取る相手を喜ばせること」を果たしている，くらいの意味だと考えることができる。

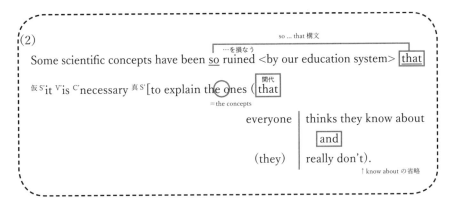

(2)
Some scientific concepts have been so ruined <by our education system> that
仮S'it V'is C'necessary 真S'[to explain the ones (that
= the concepts

everyone | thinks they know about
and
(they) | really don't).
↑ know about の省略

訳例 一部の科学概念は現代の (←直訳：私たちの) 教育システムによって大いに損なわれてしまったため，誰もが知っていると思っているが実際には知らない科学概念を説明することが必要になっている。

▶ system の後の that は so ... that 構文の that。節内が完全文であるからといって，直前の system に対する同格ととらないこと。内容的に合わない上，system は同格の that をとることができない。

ex. the system | × that | the school year starts in autumn
                | ○ in which |
「秋に新学年が始まるシステム；秋入学制度」

▶　everyone の後の thinks ... と really don't（know about）が並列関係になっている。並列の基本的な判別方法（→ **1-4** ①）に従って考えると，and の後が don't という形なので，同じく主語が複数のときの形（＝三単現の s がついていない）know と並列であるように見えるが，「誰もが知っていると思っているが，本当は知らないと思っている」というつながりになってしまい，意味が通らない。ポイントは everyone を受ける代名詞が they という複数形であるという点（everyone を単数である he や she で受けると性別を固定してしまうことになるため，they または he or she という形で受けるのが一般的）。上記の構文解析図の通り，really don't の前に they を補ってみれば thinks と並列関係であることも納得できる。並列を考える上では，あくまで例外的な形として理解しておきたい。

▶　that everyone thinks they know about and really don't（know about）の部分が関係詞節。それぞれの about の目的語が関係代名詞 that になって前に出た形。

[N] 疑問詞の強調構文 （→ p.100）

★次の英文を訳しなさい。（2）は下線部だけでよい。

（1）It's surprisingly hard to explain to someone lacking in common sense what it is that they're doing wrong.

（大阪医科大）

（2）When we try to think about beauty, when we try to say what it is, we often get stuck almost immediately. <u>We find it hard to identify what it is about a particular face, a piece of music, or a building that makes it attractive.</u> We see beauty more easily than we recognize its causes.

（津田塾大）

▼解説

(1) It's surprisingly hard
真S[to (V)explain <to someone (lacking in common sense)>
(O)[what it is ◯ that they're doing <wrong>]].

🖊訳例　常識に欠けている人に，彼らが間違って行っていることがいったい何なのか説明することは，驚くほど難しい。

▶　explain の後に to ... が入り込んだ VO 分離（→1-4④）の形になっていることに注意。explain は explain A to B「A を B に説明する」の基本形から explain to B A の形になることがよくある。

▶　They're doing ○○ wrong.「彼らは○○を間違って行っている」からできた it is ○○ that they're doing wrong.「彼らが間違って行っていることは○○だ」という強調構文の形を元にし，その○○という名詞要素を what にして前に出した形。

(2)
SWe Vfind 仮Oit Chard
真O[to (V)identify (O)[what it is ◯ (about a particular face, a piece of music, or a building)
that makes it attractive]].
= a particular face, a piece of music, or a building

🖊訳例　私たちが美について考えようとするとき，私たちが美とは何であるかを言葉にしようとするとき，ほとんど即座にお手上げ状態になってしまうことが多い。特定の顔や楽曲や建築物について，それを魅力的にしているものはいったい何であるかを特定することは困難だと気づくのである。美しさを引き起こすものを認識するよりも，美しさを見ることの方が容易なのだ。

▶　it is ○○ (about ...) that makes it attractive 「(…に関して) それを魅力的にするものは○○だ」という強調構文の形を元にし，その○○という名詞要素を what にして前に出した形。「(…に関して) それを魅力的にするものは<u>いったい何</u>なのか」という意味になる。

▶　makes it attractive の it が指すものは a particular face, a piece of music or a building。単数の名詞が or でつながっているために it で受けている。

［O］ 複合関係詞 (→ p.106)

★次の英文を訳しなさい。(3)は下線部のみでよい。

(1) Whatever the true origins of clothes, their diverse roles in society were well established by the fourth millennium before Christ.

（県立広島大）

(2) Now, I better understand how putting a lot of effort into caring for something can help you appreciate the results more, however small they may be.

（センター試験）

(3) Who ever reads a newspaper from cover to cover? Clearly almost nobody. There isn't time in a busy day, and not all the articles are equally interesting. <u>All readers have their own personal tastes and purposes for reading, which cause them to turn immediately to whichever sections interest them, and to ignore the rest.</u> Thus, most of the paper remains unread, yet you still have to buy all of it.

（東京大）

演習問題

▼解説

(1)
<Whatever the true origins of clothes>,   起源

↑ are / may be の省略

S[their diverse roles (in society)] V were <well> established   多様な
= clothes

<by the fourth millennium before Christ>.
期限の by「…までに」   紀元前

> **訳例** 衣服の真の起源がどのようなものであれ（←直訳：衣服の真の起源が何であっても）、社会において衣服が果たす多様な役割は紀元前 4000 年までにしっかりと確立されていた。

▶ カンマの後ろに主節の SV があることから，Whatever the true origins of clothes が副詞節として働いていることが分かる。ゆえに whatever は「何が［を］〜しても」という〈譲歩〉の意味になる。

▶ whatever の節内で be 動詞が省略されていることに注意。whatever や whichever が譲歩の副詞節で用いられた場合，be 動詞が省略されることがしばしばある。

語彙 establish は「…を確立する；（人を地位などに）定着させる；（事実・理論など）を立証する；（制度・法律などを）制定する」などの意味がある多義語だが，中に stable「安定した」という語が隠れていることに注目すると理解しやすくなる。「しっかりと安定したものにする」が根っこである。

(2)

<Now>, ^SI <better> ^Vunderstand

^O[how] ^{S'}[putting a lot of effort into caring for something]
put effort into ... 「…に力を入れる」　　　　care for ... 「…の面倒を見る」

^{V'}can help ^{O'}you ^{C'}appreciate the results more,
help＋O＋do 「O が…するのを助ける」

< however small they may be>].
= the results

🖊 **訳例**　何かの面倒を見ることに多くの労力をつぎ込むことが，その結果がどれほど小さいものであったとしても，どのようにしてその結果をより正しく評価する助けとなり得るか，今の私は以前よりもよく理解している。

▶　全体は I <better> understand [how SV]「私は［どのように SV なのか］よりよく理解している」という形。how の節内の S が動名詞主語になっていることにも注意（→ **1-2** ⑤）。

▶　however は複合関係副詞。多くの場合，直後に形容詞・副詞を伴い「SV がどれほど形容詞・副詞でも」という譲歩の意味になる。

▶　複合関係詞 however の節中の may は譲歩の節中に登場するもので，訳す必要はない。文語体の表現でよく登場する。

ex.　Whatever may happen, I will follow you.
　＝Whatever happens, I will follow you.
　「何が起ころうと，あなたについていきます」

演習問題

(3)

All readers have their own personal | tastes 好み | (for reading)

| and

| purposes 目的

, (|which| cause them | to turn <immediately> to [|whichever| sections

turn to〈ページ〉「〈ページ〉を開く」

ᵛinterest ᴼthem],

| and

to ignore the rest.)

（✐訳例） いったい誰が新聞を最初から最後まで読むというのだろうか。明らかに，ほとんど誰もそんな風には読まない。忙しい日には時間が無いし，全ての記事が等しく面白いわけでもない。全ての読者は読むことに対する自身の個人的な好みと目的をもっており，そのため，興味を引くどの欄のページでもすぐに開き，そして残りを無視することになる。このように，新聞のほとんどは読まれないままであるが，それでも新聞は一部まるまる買わなければならないのである。

▶ S cause O to do は「S は O が…することを引き起こす」が直訳だが，「S によって O は…することになる」と訳すことができる。関係代名詞 which と合わせて，「それによって / そのため，彼らは…することになる」となる。なお，この関係代名詞 which の先行詞は their own personal tastes and purposes for reading である。前文の内容を受ける関係代名詞に見えるかもしれないが，その場合は単数一致（一般動詞なら三単現の s がつく形）になるので，which の後の動詞が cause になっていることが矛盾する。

▶ whichever は直後に sections「欄」という名詞を伴っている。「彼らに興味を持たせるどの欄でも」が直訳。

▶ and は直後が to ignore という to 不定詞になっていることから，直前で to 不定詞になっている to turn を並列で結ぶ。

202

［P］ 代用表現 (→ p.132)

★次の英文を訳しなさい。(1)(3)は下線部のみでよい。

(1) Journalism has always entertained as well as informed. <u>Had it not done so, it would not have reached a mass audience.</u>

（東京学芸大）

(2) Hunting for a job is a painful experience, but one that nearly everyone must endure at least once in a lifetime.

（亜細亜大）

(3) A great change has happened in the world over the last fifty years. A billion people now use airplanes with some frequency. <u>We travel distances many times a year that are farther than those that the most adventurous used to travel in a lifetime.</u>

（お茶の水女子大）

▼解説

(1)

Journalism has <always> entertained <|as well as| informed>.

　　　　　　　　　　　　　　　　A as well as B「B 同様に A も；B だけでなく A も」

=If it had not done so

<Had it not done so>, it would not have reached a mass audience.

　　=Journalism　　　　　=Journalism

ジャーナリズムは知識や情報を与えるだけでなく，常に人々を楽しませようとしてきた。<u>もしそうでなければ，ジャーナリズムは多くの人々に届かなかっただろう。</u>

▶ ここでは so 単独でなく，do so という形で代用表現になっていることに注意。do so [it / that] で前文の〈動詞＋α〉を代用することができる。

▶ Had it not done so という語順は，If it had not done so の倒置形。仮定法においては if を省略し，主語とその直後の助動詞（would/could/might/should），were，had を入れ替えることによって，条件節の代用をすることができる。ここでは，done so は entertained のこと。[3-3] で再び扱う。

> **ex.** <u>Were it not for water</u>, no living thing could live.
> 「水が無ければ，どんな生物も生きられない」
> ＝If it were not for water
> 　←If it were not for ...「…が（現在）無ければ」仮定法における頻出表現
> <u>Should he be given another chance</u>, he'll do his best.
> 「もし仮にもう一度チャンスが与えられたら，彼は最善を尽くすだろう」
> ＝If he should be given another chance
> 　←可能性の低い未来を表す仮定法の should（もう一度チャンスが与えられる可能性は低いと話者が思っている）

なお，この倒置は仮定法の場合のみであり，仮定法でない if 節では起こらないことに注意。

> **ex.** <u>If he is given another chance</u>, he'll do his best.
> 「もう一度チャンスが与えられたら，彼は全力を尽くすだろう」（もう一度チャンスが与えられる可能性があると話者が思っている）
> 　←(×) Is he given another chance, ...

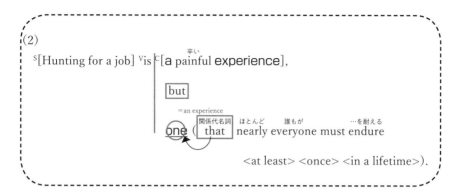

(2)

ˢ[Hunting for a job] ⱽis ᶜ[a painful experience]（辛い）,

but

one（=an experience）[関係代名詞 that]（ほとんど）nearly everyone（誰もが）must endure（…を耐える）

<at least> <once> <in a lifetime>).

訳例 就職活動は辛い経験であるが，ほとんど誰もが人生で少なくとも一度は耐えなければならない経験である。

▶ one は〈a＋単数名詞〉の代用表現として用いる。ここでは前文の an experience を受けていると考えれば意味が通る。

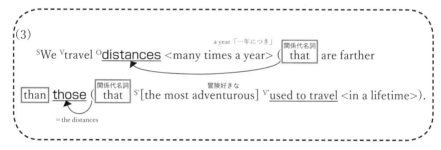

(3)

ˢWe ⱽtravel ᵒdistances <many times a year>（a year「一年につき」）（[関係代名詞 that] are farther

than those（=the distances）[関係代名詞 that] ˢ'[the most adventurous] ⱽ'used to travel（冒険好きな）<in a lifetime>).

訳例 過去 50 年間で，世界に大きな変化が起きた。今や 10 億もの人々がそれなりの頻度で飛行機を利用しているのである。私たちは，最も冒険好きな人々が以前は一生かけて移動したよりも長い距離を，一年に何度も移動しているのである。

▶ 最初の関係代名詞は直前の a year ではなく distances にかかっていることに注意。述語動詞が are であるため，主語にあたる先行詞は複数形でなくてはならない。

▶ those は修飾表現（of … や関係詞節など）を伴う〈the＋複数名詞〉の代用表現として用いられる。次の例の that の複数形と捉えればよい。

ex. The population of Tokyo is much larger than <u>that</u> of Osaka.
「東京の人口は大阪よりずっと多い」
←that は修飾表現を伴う〈the＋単数形〉の代用表現。the population のこと。

▶ なお，those には漠然と「人々」の意味になる用法もあることに注意。

ex. I don't like those who think that they are always right.
「私は自分が常に正しいと考える人々が好きではない」

▶ the most adventurous は〈the＋形容詞〉の形（→ **1-8** ③）で，「最も冒険好きな人々」の意。

[Q] 比較対象の省略 (→ p.142)

☆下線部はどういうことか，説明しなさい。

It might seem that star formation is a problem that has been solved. But <u>nothing could be further from the truth.</u>

（同志社大）

═ ▼解説 ═══════════════════════════════

It might seem that ˢ[star formation] ⱽis ᶜa problem (関係代名詞 that has been solved).
it seems that ... 「…のように思われる」

|But| nothing could be **further** from the truth.
より遠い
↑ (than this)

（✍訳例） 星の形成は既に解決された問題であると思われているかもしれない。しかし，<u>これほど真実から離れていることはない</u>。

解答例：星の形成が既に解決された問題であるという考えは，全く真実ではないということ。

▶ nothing could be further from the truth は，直訳すると「真実からより遠く離れ得るものは何もない」となるが，「より遠い」という比較級に対して than ... という比較対象が書かれていない。ここでは文末に than <u>this</u>（＝前文の that 以下の内容）を補って，「<u>このこと</u>（＝星の形成が既に解決された問題であること）よりも真実からより遠く離れ得るものは何もない」→「このことが真実から一番離れている」「このことは全く事実ではない」という意味になると解釈できる。

▶ なお，この後には The birth of stars remains one of the most lively topics in astrophysics today.「星の誕生は今日の宇宙物理学において最も活発に議論されている話題の 1 つであり続けている」という内容が続いており，上記の解釈を裏づけている。

［R］ as の識別 (→ p.154)

☆それぞれ下線部の as と同じ意味で用いられているものを選びなさい。

(1) Our kind acceptance of our children's faults and fears, and our help <u>as</u> they face them, allows them to grow up feeling good about themselves, rather than ashamed.

 (a) He sat watching her as she got ready.

 (b) I can't help—I've got too much to do as it is.

 (c) As you know, Julia is leaving soon.

 (d) She's very tall, as is her mother.

（神戸学院大）

(2) On our last full day in Costa Rica, we both awoke feeling refreshed and happy. I hoped for the gift of a cloud-free sky, <u>as</u> on a clear day at that location, so close to the equator, the eclipse would be clearly visible.

〈注〉the eclipse：ここでは「日食（＝the solar eclipse）」のこと

 (a) Just as the two women were leaving, a message arrived.

 (b) Happy as they were, there was something missing.

 (c) We'd better leave things as they are until the police arrive.

   (d) Enjoy the first hour of the day. This is important as it sets the mood for the rest of the day.

（杏林大）

（3）Think about the discussions over driverless cars already on California roads. <u>As such cars improve, they will save lives, because they will make fewer mistakes than human drivers do.</u>

   (a) The fog dispersed gradually as the sun rose.

   (b) Please turn off the light, as you are leaving last.

   (c) It came out the same way as it did before.

   (d) I changed the password as you suggested.

（法政大）

▼解説

as の識別については p. 153〜p. 154 を参照のこと。

（1）子供たちの失敗や恐怖を私たちが優しく受け入れること，そして子供たちがそうした失敗や恐怖に直面した<u>とき</u>に私たちが助けてあげることで，彼らは自分を恥じるのではなく自分に自信をもって成長していくことができる。（→①時の as）

(a) 彼女が用意している<u>とき</u>，彼は座って彼女を見ていた。（→①時の as）

(b) 僕は手伝えないよ―<u>今のままでも</u>やらなくちゃいけないことが多すぎるんだ。（→as it is / as they are で「現状のままで；すでに」の意味の熟語）

(c) 知って<u>の通り</u>，ジュリアはもうすぐ出発だよ。（→⑧付言の as）

(d) 彼女は，母親<u>と同じように</u>とても背が高い。（→④様態の as。様態や as ... as の接続詞 as の後ではしばしば倒置が起こる。今回は as her mother is (very tall) が VS の倒置を起こしたもの）

（2）コスタリカで丸一日使える最後の日，私たちは二人とも爽やかな気分で幸せに目が覚めた。雲の無い空という贈り物が来ることを私は願った。<u>というのも</u>，赤道にとても近いその場所において晴れ渡った日には，日食がくっきりと見えることになった<u>からだ</u>。（→③理由の as） （a）二人の女性が去ろうとしたまさにそのとき，メッセージが到着した。（→①時の as。just as という形になるのは，原則として①時か④様態の場合のみ）

（b）彼らは幸せだったけれども，何か欠けたものがあった。（→⑤譲歩の as）

（c）警察が到着するまでそのままにしておいた方がよい。（→(1) (b) と同様に as they are で「現状のままで」の意）

（d）一日の最初の一時間を楽しみなさい。一日の残りの気分を決める<u>から</u>，重要ですよ。（→③理由の as）

（3）すでにカリフォルニアの道路を走っている自動運転車に関する議論を考えてみよう。そのような車の性能が向上する<u>につれて</u>，命を救うことになるだろう。人間の運転手よりもミスをすることが少ないであろうからだ。（→②比例の as）

（a）太陽が昇る<u>につれて</u>，だんだんと霧が晴れていった。（→②比例の as）

（b）あなたが最後に出るん<u>だから</u>，電気を消してくださいね。（→③理由の as）

（c）それは以前<u>と同じ</u>ようになった。（→the same と対応する as。it did は it came out の意）

（d）あなたが提案<u>した通りに</u>パスワードを変えました。（→④様態の as）

●**著者紹介**／久保田智大（くぼた・ともひろ）

駿台予備学校英語科講師。東京大学文学部英文科卒、ロンドン大学大学院応用言語学科英語教授法専攻修了。専門は第二言語習得理論。言語を習得する際の個人差の問題に焦点を当てながら生徒一人ひとりに目を向けた指導にあたり、実力と人気を兼ね備えた新進気鋭の英語講師として期待されている。

KENKYUSHA

〈検印省略〉

論理を捉えて内容をつかむ

大学入試 英文解釈クラシック

© Tomohiro Kubota 2020

2020年9月30日　初版発行　　2021年5月28日　5刷発行

著　者	久 保 田 智 大
発 行 者	吉 田 尚 志
印 刷 所	研究社印刷株式会社
装　丁	寺 澤 彰 二

発 行 所　　株式会社　研 究 社
http://www.kenkyusha.co.jp

〒102-8152
東京都千代田区富士見 2-11-3
電話（営業）03（3288）7777（代）
　　（編集）03（3288）7711（代）
振替 00150-9-26710

ISBN 978-4-327-76492-0　C 7082　　Printed in Japan

編集協力／米山達郎＋Peter Serafin